Julius Cohnheim

Untersuchungen über die embolischen Processe

Julius Cohnheim

Untersuchungen über die embolischen Processe

ISBN/EAN: 9783743409439

Hergestellt in Europa, USA, Kanada, Australien, Japan

Cover: Foto ©ninafisch / pixelio.de

Manufactured and distributed by brebook publishing software (www.brebook.com)

Julius Cohnheim

Untersuchungen über die embolischen Processe

UNTERSUCHUNGEN

UEBER DIE

EMBOLISCHEN PROCESSE.

VON

Dr. JUL. COHNHEIM,

ORD. OEFF. PROFESSOR DER ALLGEMEINEN PATHOLOGIE U. DER PATHOLOGISCHEN
ANATOMIE AN DER UNIVERSITÆT KIEL.

MIT 1 TATEL IN FARBENDRUCK.

BERLIN, 1872.
VERLAG VON AUGUST HIRSCHWALD.
68. UNTER DEN LINDEN.

Das Recht der Uebersetzung in fremde Sprachen wird vorbehalten.

Herrn

RUDOLF VIRCHOW

in Dankbarkeit und Verehrung

gewidmet.

Vorwort.

Die nachstehende Untersuchung war ursprünglich als Abhandlung für das Archiv für pathologische Anatomie etc. projectirt: nachdem es sich indess beim Niederschreiben herausgestellt hatte, dass dieselbe den Umfang, welchen der Herausgeber des letzteren als äusserstes Maass der darin aufzunehmenden Artikel festgesetzt hat, erheblich überschreiten würde, habe ich sie in der vorliegenden Gestalt publiciren müssen. Der Leser wolle daher in dem Büchelchen nicht eine erschöpfende Monographie der embolischen Processe erwarten. Was ich ihm vielmehr auf den folgenden Blättern biete, ist Nichts als eine auf experimenteller Grundlage ausgeführte Erörterung einer Anzahl von Fragen, welche bisher theils garnicht, theils, nach meinem Dafürhalten, ungenügend und jedenfalls nur hypothetisch beantwortet sind. Wenn es mir aber auf diese Weise gelungen ist, einerseits über einige bisher unverständliche Punkte in diesem Kapitel Klarheit zu verbreiten, andererseits einigen Hypothesen eine thatsächliche Basis zu verschaffen, so ist der Zweck dieser Schrift erreicht.

J. Cohnheim.

Inhalt.

		Seite.
I.	Die durch Embolie bedingten Störungen der Circulation	1
II.	Ueber die Abhängigkeit der Integrität der Gefässwand von der Circulation	28
III.	Folgerungen für die Pathologie der Infarcte	57
IV.	Der embolische Abscess	98

Erklärung der Figurentafel.

Fig. 1. Untere glatte Fläche der aus dem Munde hervorgezogenen, ausgebreiteten Zunge des Frosches bei 3facher Vergrösserung. Die Arterien roth, die Venen blau; a vordere arterielle, b hintere venöse Anastomose. Getreu nach einem Exemplar von Rana esculenta entworfen.

Fig. 2 und 3. Stück einer Zungenvene, innerhalb dessen eine Klappe sich befindet, bei 25facher Vergrösserung; Fig. 2 bei normal gerichtetem, Fig. 3 bei rückläufigem Blutstrom. Vgl ob. p. 21.

Fig. 4, 5, 6, 7 sind schematische Darstellungen, um das Verhalten der Gefässe und des in ihnen befindlichen Blutes in der Umgebung eines Pfropfes zu zeigen. Die Arterien sind roth, die Venen blau, die gleichmässige Farbe bedeutet das fliessende, die Schraffirung das stagnirende Blut; die weiss gelassenen Abschnitte sind solche, in denen nur Plasma, aber keine rothen Blutkörperchen vorhanden sind. Die Richtung des fliessenden Blutstroms wird durch die Pfeile angedeutet. In allen Figuren bedeutet a die Stelle, wo die nächstobere arterielle Collaterale von der embolisirten Arterie abtritt, b diejenige, wo die nächstobere venöse Collaterale mit der aus dem embolisirten Bezirk kommenden Vene zusammenfliesst. c den Pfropf, und in Fig. 7 d die Einmündungsstelle der nächstunteren arteriellen Anastomose in die embolisirte Arterie. Vgl. ob. p. 14—16.

I. Die durch Embolie bedingten Störungen der Circulation.

Zu der grossen Geschwindigkeit, mit welcher die Lehre von der Embolie und ihren Folgen in der Pathologie sich allgemeine Geltung zu verschaffen gewusst hat, hat ganz gewiss der Umstand sehr viel beigetragen, dass der Begründer dieser Lehre von vorn herein derselben nicht blos die breiteste experimentelle und theoretische Grundlage gegeben, sondern auch sogleich in umfassender Weise alle hierher bezüglichen pathologischen Vorgänge und Störungen in's Auge gefasst und mittelst eines reichen casuistischen Materials den Fachgenossen demonstrirt hat. In der That dürfte noch heute die Uebersicht, welche Virchow in den Gesammelten Abhandlungen p. 710 über die durch Embolie bedingten Processe gegeben hat, als erschöpfend gelten, und alle die zum Theil hochinteressanten Mittheilungen, welche seitdem von Klinikern und Anatomen auf diesem viel cultivirten Gebiete beigebracht sind, lassen sich unschwer in jenen Rahmen einfügen, ohne dass eigentlich eine neue, von Embolie abhängige Störung zu unserer Kenntniss gebracht worden wäre. Im Gegentheil hat sich, je länger und umsichtiger man die hier in Betracht kommenden Veränderungen untersuchen gelernt hat, immer mehr herausgestellt, mit welchem Recht Virchow schon früh davor gewarnt hat, das Gebiet nicht weiter auszudehnen, als man es wirklich beweisen könne, und heutzutage wird wohl ein Jeder Bedenken tragen, ohne Weiteres jeden hämoptoischen Infarct bei Herzkranken, jeden Leberabscess bei Verwundeten als embolisch zu deuten, wozu eine Zeit lang die Neigung ja sehr allgemein war. Scheiden wir aber diese, mindestens zu voreilig hierhergezogenen Processe aus, so bleibt dann gerade eine Reihe von Vorgängen und Veränderungen übrig, die wir zweifellos ihrer thatsächlichen Feststellung nach zu den bestgekannten in der gesammten Pathologie rechnen dürfen.

Nicht dasselbe können wir aber von der mechanischen Begründung der betreffenden Vorgänge aussagen. Während wir sonst in unseren biologischen Wissenschaften uns nicht damit zu begnügen pflegen, die Abhängigkeit einer Thatsache von einer zweiten einfach festzustellen, sondern vor Allem den Modus dieser Abhängigkeit zu eruiren suchen, so ist dies meines Erachtens beim Studium der embolischen Störungen nur in geringem Maasse bisher geschehen, und jedenfalls weniger, als man gerade auf einem dem Experimente so zugänglichen Felde hätte erwarten sollen. Und zwar umsomehr erwarten, als schon eine nicht einmal reiche anatomische und klinische Erfahrung darauf hinweisen muss, dass die durch Embolie hervorgerufenen Veränderungen zwar der mannigfachsten und unter sich differentesten Art sein können, indess doch ganz bestimmte Gesetzmässigkeiten im Vorkommen durchaus unverkennbar sind. Die eine Embolie ist vollständig unschädlich und bedeutungslos, eine zweite zieht Nekrose und Gangrän, eine dritte einen hämoptoischen Infarct nach sich, während der Effect einer vierten ein Abscess ist: Folgen, wie sie verschiedenartiger nicht wohl gedacht werden können. Hiervon ist allerdings der Unterschied zwischen dem Infarct und dem Abscess gleich von Anfang an so in die Augen springend gewesen, dass bekanntlich Virchow in einer eingehenden und schlagenden Versuchsreihe den besonderen Beweis geführt hat, dass die specifische Beschaffenheit des in die betreffende Arterie gefahrenen Pfropfes als das maassgebende Moment anzusehen ist, eine Auffassung, die später Panum acceptirt und in noch weiterem Umfange begründet hat. Aber so unzweifelhaft das richtig ist, so erklärt es doch nicht, wie es kommt, dass Pfröpfe, welche ihre specifische Wirkung entfalten, nicht auch zugleich diejenigen Folgen nach sich ziehen, die durch die mechanische Verstopfung selbst bedingt sind, oder, vielleicht richtiger gesagt, wie es möglich ist, dass letztere nicht die Entwicklung der ersteren verhindern oder wenigstens modificiren. Weiterhin finden wir im Gehirn, in den Extremitäten als Folgen einer Embolie, wenn sie überhaupt Störungen setzt, fast immer nur einfache Nekrosen, in der Milz und der Lunge — von den Abscessen abgesehen — dagegen constant hämoptoische Infarcte, und andererseits sehen wir letztere nie in den Muskeln, der Haut, den meisten Drüsen etc., während doch das Vorkommen embolischer Abscesse an allen diesen Orten schon ohne jede aprioristische Erwägung den Beweis liefert, dass in alle diese Regionen Pfröpfe fahren können. Wenn aber, wie dies ja schon von Virchow mit überzeugender Klarheit dargethan ist, gerade die anatomische Einrichtung der collateralen Verbindungen es ist, welche in vielen Fällen die nachtheiligen Wirkungen einer Verstopfung hintanhält und dieselbe zu einem, im Grunde bedeutungslosen Ereigniss macht, so liegt es doch anscheinend auf der Hand, dass unmöglich eben dieselbe Einrichtung nach der am meisten in den Lehrbüchern (Förster, Rindfleisch etc.) verbreiteten Darstellung, vermittelst der collateralen Fluxion, die zum Bersten des fluxionirten Capillargebietes führen soll, die Ursache zur Bildung der Infarcte sein kann. Das scheint mir so einleuchtend, dass ich es für unnöthig halte, erst darauf hinzuweisen, wie diese Lehre von der collateralen Fluxion mit secundärer Berstung, die sich auch wohl schwerlich theoretisch deduciren liesse, einen Umstand geradezu unerklärt lässt, der auch von Panum wohlbemerkt und hervorgehoben ist, dass nämlich die Infarcte nicht alsbald nach der Verstopfung, sondern erst spät, nach Ablauf vieler Stunden, vielleicht selbst Tage zu Stande kommen; auch möchte sich, wenn wirklich die collaterale Fluxion das bedingende und gefährdende Moment wäre, schwer begreifen lassen, warum nicht jede Arterienunterbindung an einer Extremität eine Infarcirung derselben zur Folge hat, was ja glücklicher Weise der Fall nicht ist. Eine andere Erklärung als diese für die Entstehung der Infarcte ist aber meines Wissens nicht versucht, oder aber, wie von Cohn in seiner Klinik der embolischen Gefässkrankheiten, nach ausführlicher und eingehender Discussion zurückgewiesen worden.

Der Grund aber, dass, wie aus dem Vorstehenden erhellt, auf dem Gebiete der embolischen Störungen noch so Mancherlei unerklärt ist, scheint mir in einer ganz bestimmten Mangelhaftigkeit der so zahlreich auf diesem Felde angestellten Experimente zu liegen. Denn so lange man verfahren wie bisher, indem man in irgend ein Gefäss eines Thieres einen Embolus hineinbrachte und gewisse Zeit nachher erforschte, was daraus entstanden, so konnte man natürlich mit Sicherheit feststellen, ob der Pfropf überhaupt einen Effect hervorgebracht, und welcher Art derselbe war; wie derselbe aber zu Stande gekommen, darüber musste der individuellen Deutung ein weiter und willkürlicher Spielraum bleiben. Wollte man in dieser Richtung einen experimentellen Fortschritt erzielen, so war es nöthig, den Versuch so einzurichten, dass der ganze Vorgang selber von Anfang bis zu Ende der Beobachtung zugängig war. Ich nahm deshalb meine Zuflucht zum Frosch, wennschon ich mir nicht verhehlen durfte, dass es doch Angesichts der grossen Differenzen, die im Blutdruck, in dem Verhalten der einzelnen Gewebe zu dem circulirenden Blute, in der pathologischen Reaction etc. zwischen dem Frosch und den Warmblütern obwalten, zweifelhaft sein durfte, ob bei jenem überhaupt die embolischen Veränderungen in typischer Form sich ausbilden würden. Indessen soweit rein mechanische Verhältnisse hier ins Spiel kommen, konnten die Dinge sich beim Frosch zunächst nicht wesentlich anders gestalten, als bei den Säugethieren und bei den Menschen, und jedenfalls liess mir der Umstand, dass es bisher nicht geglückt ist, beim Säugethier überhaupt die Bedingungen für eine andauernde mikroskopische Beobachtung herzustellen, so gut wie keine Wahl.

Das Organ des Frosches, welches ich für die ganze Versuchsreihe in erster Linie benutzte, war die Zunge, die sich nicht blos um ihrer oberflächlichen und so bequem zugängigen Lage willen empfahl, sondern ganz besonders auch wegen der Einrichtung ihres Blutgefässverlaufes*). Sie wird nämlich versorgt von zwei Hauptarterien, die je auf einer Seite, in der Nähe des entsprechenden Randes in die Zunge hineintreten, und einander ziemlich parallel nach vorn verlaufen, um schliesslich in den beiden Zipfeln, in die die ausgestreckte Zunge vorn aus-

---

*) cf. Fig. 1. Dieselbe ist getreu, im Dreifachen der natürlichen Grösse nach einem Exemplar von Rana esculenta entworfen; die Zunge ist ausgestreckt und mit einigen Nadeln auf Kork befestigt, ihre glatte Fläche dem Beobachter zugewendet. Arterien roth, Venen blau.

läuft, zu endigen. Auf diesem Wege giebt eine jede eine Anzahl grösserer Aeste seitlich ab, und zwar ganz überwiegend nach aussen, gegen den Rand der Zunge, von dem die Arterie auf dem weiteren Verlaufe sich selbst etwas mehr entfernt, als bei ihrem Eintritt in das Organ der Fall gewesen war; nach innen, gegen den anderen Hauptstrom treten nur ganz kleine Zweige, indem die Mitte der Zunge hauptsächlich von ganz feinen Aesten versorgt wird, die zwischen den beiden Hauptgefässen direct von der Mundhöhle her in sie hineintreten; nur in dem vordersten Abschnitt, in der Nähe der Zipfel, zweigen sich auch ansehnlichere arterielle Aeste von den Hauptstämmen ab, die sich zwischen diesen verbreiten, und insbesondere fehlt hier fast niemals eine mehr oder weniger stark entwickelte arterielle Anastomose. Solcher Anastomosen giebt es ferner mehrfache, aber alle nur klein, zwischen den seitlichen Aesten der Hauptarterien untereinander, die sich im Uebrigen in ganz gewöhnlicher Weise verästeln und in Capillaren auflösen, deren Ausbreitung zum geringeren Theile auf der glatten, der Hauptmasse nach auf der papillentragenden Fläche der Zunge liegt, d. i. derjenigen, die in der gewöhnlichen Ruhelage der Decke der Mundhöhle zugekehrt ist. In den Papillen sitzen insbesondere dichte und zierliche Capillarschlingenknäuel, die dadurch in eigenthümlicher Weise characterisirt sind, dass sie in ihrem Verlaufe vielfache kleine Ectasien zeigen, ähnlich dem Verhalten, welches in der menschlichen Pathologie die Capillaren der braunindurirten Lunge darbieten. Aus den Capillaren sammeln sich Venen, die in ihrem Verlauf und Richtung nahezu übereinstimmen mit dem der Arterien, bis auf den einen Punkt, dass sich constant hinten in der Nähe der Zungenwurzel ein breiter, querverlaufender, medianer Verbindungsast findet, der, je nachdem er mehr spitzwinklig in der einen oder der andern Hauptvene sich inserirt, Blut von links nach rechts oder von rechts nach links überführt. Verfolgt man die beiden A. und V. lingualis, die in ihrer Lage sich je weiter nach rückwärts immer mehr der glatten, papillenlosen, von einem einschichtigen Epithel überkleideten Zungenoberfläche, resp. dem grossen Lymphsacke, der hier gelegen ist, nähern, weiter nach dem Herzen zu, so verlaufen die Stämme am Boden der Mundhöhle, bis sich schliesslich die A. lingualis mit der Carotis vereinigt, um mit dieser gemeinschaftlich, in sogleich zu erörternder Weise von dem betreffenden Aortenbogen zu entspringen; in dieser Strecke, am Boden der Mundhöhle, giebt es dann noch grosse quere arterielle Anastomosen, denen es zu danken ist, dass durch den Verschluss des einen Aortenbogens oder der A. lingualis selber unmittelbar hinter ihrem Ursprung, nur eine ganz vorübergehende und geringfügige Schwächung in der Circulation der betreffenden Zungenhälfte erzeugt wird. Wie vortheilhaft gerade der letzte Umstand für experimentelle Eingriffe von der Art der uns hier beschäftigenden ist, das liegt auf der Hand.

Als Pfropfmasse verwandte ich, um zunächst gegen alle anderen Wirkungen ausser den rein mechanischen mich zu sichern, dasselbe Material, dessen Panum sich mit Vortheil bedient hat, nämlich durch Russ schwarz gefärbter Wachskügelchen, von denen ich eine Emulsion mir herstellte. Um diese nun in die Lingualgefässe zu bringen, kann man ein doppeltes Verfahren einschlagen. Für einmal legt man dem schwach curarisirten*), auf dem Rücken liegenden Thiere das Herz blos, mit möglichster Erhaltung des Pericardialsackes, zieht alsdann die Zunge zur Mundhöhle hervor und reibt sie mittelst der Finger oder eines stumpfen Spatels bis dass sie dunkelroth geworden; führt man jetzt durch eine feine Schnittwunde der Herzspitze eine abgestumpfte Kanüle einer Pravaz'schen Spritze bis in den Bulbus aortae, und bringt nun mit langsamem und sanftem Druck etwa ein viertel Cubikcentimeter der Wachsemulsion in den Bulbus, so kann man ziemlich sicher sein, dass wenigstens ein Theil der Kügelchen in die durch jene Misshandlung erweiterten Zungengefässe fährt. Wird jetzt die Kanüle rasch entfernt und die feine Herzwunde durch Umschnürung der Herzspitze geschlossen, so überleben die Frösche diesen Eingriff in der Regel eine beliebig lange Zeit hindurch. Indessen so einfach und natürlich das ganze Verfahren auch erscheinen mag, so kann doch nicht geleugnet werden, dass man für das Resultat mehr weniger auf

---

*) Die Curaresirung ist für den Akt der Embolisirung selbst natürlich nicht nothwendig, für die Beobachtung der Zunge dagegen unerlässlich, da nur die erschlaffte Zunge sich so ausbreiten lässt, dass eine mikroskopische Untersuchung ausgeführt werden kann.

den Zufall angewiesen ist, da es sehr wohl passiren kann, dass trotz der beträchtlichen Dilatation der Lingualgefässe doch sämmtliche Wachskügelchen in die immer doch ganz unvergleichlich geräumigere übrige Aortenbahn geschlendert werden; auch ist es ein unbestreitbarer, wenn auch in vielen Fällen zu vernachlässigender Nachtheil, dass hierbei mit Nothwendigkeit ausser denen der Zunge auch zahlreiche andere Gefässe verstopft werden. Weit mehr aber, als diese beiden Momente, fällt der Umstand ins Gewicht, dass bei diesem Verfahren immer nur kleine und kleinste Kugeln in die Zunge gerathen, während alle grösseren an der Lingualis vorüber direct in die Aorta gerissen werden, und so ist es mir fast niemals geglückt, mittelst der beschriebenen Methode etwas Anderes zu erzielen, als Verstopfung von einzelnen peripheren Aesten und von Capillaren, und eben nicht die des Hauptstammes. Sobald also auch die letztere erzielt werden soll, so empfiehlt es sich durchaus, ein anderes Verfahren einzuschlagen. Dasselbe gründet sich auf die anatomische Einrichtung der Froschaorta, die in überaus glücklicher Weise den Versuch begünstigt. Bekanntlich nämlich wird jede der beiden Aorten des Frosches durch zwei längsverlaufende Septa in je drei von einander ganz getrennte Längsröhren getheilt, die durch seichte Längsfurchen schon äusserlich erkennbar markirt sind. Von diesen stellt die mittelste und bei Weitem grösste Abtheilung die eigentliche Aorta dar, welche nachher mit der der anderen Seite vor der Wirbelsäule unter spitzem Winkel zusammenfliesst, und während die am meisten nach aussen und hinten gelegene Röhre lediglich zur A. pulmonalis wird, geht aus der innersten nur A. lingualis und carotis hervor, die eben, wie bereits oben erwähnt, gemeinsam entspringen. Alles, was man hiernach in die innerste Abtheilung direct hineinbringt, kann nur in diese beiden Gefässe gerathen, und durch Ligatur der Carotis kann man natürlich auch diese noch ausschliessen, was sich indess in der Regel als überflüssig herausstellen dürfte. Unter Berücksichtigung dieser Verhältnisse verfuhr ich nun folgendermaassen. Ich legte, mit möglichst kleiner Wunde, den Anfang der linken Aorta blos, an der ich es bequemer gefunden habe zu manipuliren, umschnürte sie, nachdem ich sie sorgfältigst von allem umscheidenden Bindegewebe gesäubert, 1 Mm. vom Bulbus entfernt mit einem festen Faden, und eröffnete sodann mittelst einer haarscharfen, feinen Scheere die innerste Röhre. Ist sie wirklich und allein getroffen, so fliesst kein Tropfen Blutes aus und es stülpt sich eine dünne zarte, rothe Membran zu der Schnittöffnung hervor, die nichts Anderes als das innere Septum ist. Es hat jetzt nicht die geringste Schwierigkeit, eine selbst ziemlich weite, natürlich abgeschrägte Canüle in das innere Rohr einzubringen und nun ganz direct die Emulsion vorzuspritzen. Hat man nun die Zunge vorher zum Munde herausgeholt, so kann man sich noch während der Injection selbst sofort makroskopisch von dem Gelingen Ueberzeugung verschaffen; denn wenn die Flüssigkeit wirklich in die Zungengefässe vordringt, so wird erstens die betreffende Zungenhälfte blass, und zweitens stellen sich sogleich lebhafte Muskelzuckungen in derselben ein, während die andere Hälfte ganz ruhig bleibt. Dies Beides zusammen giebt die vollste Gewissheit darüber, dass der Versuch geglückt ist, während ihr Ausbleiben das Misslingen mindestens sehr wahrscheinlich macht. Zieht man jetzt die Canüle aus dem Gefässrohr heraus und legt jenseits der Einstichwunde noch eine Ligatur um die Aorta, so ist das ein ganz geringfügiger, für die Frösche an sich ganz gleichgiltiger Eingriff, den ich sie Monate lang habe überleben sehen. Auf diese Weise kann man, wie einleuchtet, mit vollster Sicherheit die Pfröpfe in die Lingualis bringen, ohne dass irgendwo sonst (von der Carotis natürlich abgesehen) im Körper Gefässe obturirt würden, und wenn man auch nur ein paar Theilstriche der Pravaz'schen Spritze injicirt, so pflegt man doch meist eine Obturation des Stammes und der Aeste dadurch zu erreichen, die an Vollständigkeit nichts zu wünschen übrig lässt; das gewöhnliche Bild ist das, dass eine Anzahl kleiner Kügelchen in den Seitenzweigen und etliche grössere an diversen Stellen des Hauptstammes selber eingekeilt sind.

Hat man sich nun ein Wenig auf diese Versuche eingeübt, so gelingt es leicht, die ganze Operation so rasch auszuführen, dass man noch den Act der Embolisirung in flagranti erfasst. Ganz besonders, wenn man das erste Verfahren der directen Injection ins Herz benutzt oder wenn man beim zweiten sich einer Emulsion bedient, die sehr arm an Wachskügelchen ist.

In der That empfiehlt sich dies durchaus, wenn man sich über die dem Verstopfungsacte unmittelbar folgenden Vorgänge unterrichten, und überhaupt den Ablauf der Erscheinungen an einem einzelnen Gefäss im Detail studiren will. Einen Wachsembolus in der Zunge zu finden, das kostet, auch wenn ihrer nur wenige darin vorhanden sind, gewöhnlich keine Mühe. Indem man nämlich allmählich von hinten nach vorn, oder umgekehrt, bei kleiner Vergrösserung (Hartnack Oc. 3, Obj. 2 oder 4), die Zungenfläche durchmustert, wird irgendwo plötzlich der Blick durch einen Arterienast gefesselt, in welchem das Blut mit ganz besonderer Geschwindigkeit dahinschiesst; verfolgt man jetzt die Arterie, von der dieser Ast mit dem rapiden Strom sich abzweigt, in peripherer Richtung von der Abgangsstelle, so wird man sehr bald auf die Wachskugel stossen, die in jener sitzt und sie obturirt. Denn das ist ja die unmittelbare und nothwendige Folge der Verstopfung einer Arterie, gleichviel von welchem Kaliber, dass das Blut in einen vorher abgehenden Seitenzweig stürzt und mit gesteigerter Geschwindigkeit in diesem fliesst. Insofern ist die collaterale Fluxion in der That vorhanden, aber wenn man nun fragt, wo das unter verstärktem Drucke in die Seitenarterie stürzende Blut bleibt, so lehrt der erste Blick auf das Präparat, dass, wie a priori zu vermuthen, es ganz einfach **mit gesteigerter Geschwindigkeit auch die von der betreffenden Arterie gespeisten Capillaren passirt und ebenso rascher in die abführenden Venen abfliesst**, so weit nicht überdies collaterale arterielle Verbindungen schon den Abfluss erleichtert haben. Aber falls diese auch nicht vorhanden sein sollten, so hält die Beschleunigung der Circulation in jener Arterie mit ihren Capillaren und Venen durch mehr oder weniger lange Zeit in gleicher Weise an, ohne dass von Berstung und Blutung irgendwo die Rede wäre, bis eben allmählich eine gleichmässige Vertheilung des überschüssigen Stroms auf mehrere benachbarte und vorhergehende arterielle Zweige und damit ein Ausgleich zu Stande gekommen ist.

Wie aber verhält es sich mit der Arterie selbst, in welcher der Embolus stecken geblieben ist? Hier verdient zunächst ein Punkt hervorgehoben zu werden, der dem ganzen Ablauf der embolischen Vorgänge beim Frosch ein eigenthümliches Gepräge giebt. Es tritt nämlich in den Gefässen der Froschzunge um den eingebrachten Pfropf, so gross oder so klein und welcher Art auch immer er sei, keine Gerinnung ein, die ja in den Blutgefässen des Menschen und der Säugethiere um einen Fremdkörper nicht wohl ausbleibt. Worin dies seinen Grund hat, vermag ich mit Sicherheit nicht anzugeben. Denn gerinnungsfähig ist Froschblut, wie bekannt, in ausgezeichnetem Grade, und andererseits habe ich bei anderen Gelegenheiten auch in den grossen Gefässen der Froschzunge unzweifelhafte Thromben gesehen, nachdem allerdings sehr intensive Schädlichkeiten auf dieselbe eingewirkt hatten. Doch möchte ich, gerade mit Rücksicht auf letztere Erfahrungen, der Erwägung anheimgeben, ob nicht die Thrombose um einen Fremdkörper in den sonst unveränderten Arterien der Froschzunge einfach dadurch verhindert wird, dass die Gefässe absolut zu klein sind. Auch in der menschlichen Pathologie ist es ja eine ganz unzweifelhafte Thatsache, auf die ich im Laufe dieser Abhandlung noch mehrfach werde zurückzukommen haben, dass sich Thromben niemals in Gefässen finden, die unter einer gewissen Grösse sind, und zwar auch nicht unter Bedingungen, die sonst der Gerinnung des Blutes intra vitam förderlich sind, und die ganz gleichzeitig in Gefässen grösseren Kalibers dieselbe herbeigeführt haben: — ich erinnere an die täglichen Erfahrungen bei Compressions- und marantischen Thrombosen. Sollte nicht auch in diesen Fällen der gerinnungshindernde Einfluss der lebenden Gefässwand in den kleinen Gefässen so dominirend in seiner Wirksamkeit sein, dass dagegen die gerinnungsbefördernden Momente zurücktreten müssen? Jedenfalls, mag diese Anschauung richtig sein oder nicht, die Thatsache steht einmal fest, dass in den Arterien der Froschzunge das Blut um den Embolus flüssig bleibt, und es erklärt sich daraus ohne Weiteres die anscheinend paradoxe Erfahrung, dass eine Wachskugel daselbst noch lange, nachdem sie sich festgekeilt, ihren Ort wechseln und weiter nach vorn geschoben werden kann, wenn zufällig einmal das Gefäss, in dem steckt, sie sich erweitert.

Denn in der Froschzunge spielen — und das ist ein zweiter Punkt, den ich im Voraus noch kurz berühren möchte — spontane

Erweiterungen und Verengerungen im Lumen der Arterien eine gewisse Rolle. Wenn man eine ganz normale und sonst in keiner Weise malträtirte Zunge längere Zeit hindurch auf der früher von mir beschriebenen Vorrichtung*) oder einer ähnlichen unter dem Mikroskop beobachtet, so fallen Einem bald Schwankungen in der Circulation einzelner Arterien auf: in einem Augenblicke sieht man nur wenige, vereinzelte Blutkörperchen und diese nur ganz langsam in einen Arterienzweig eindringen, und wenige Minuten darauf schiesst ein breiter rapider Strom in eben dasselbe Gefäss, und wieder einige Zeit später eine mittlere Menge mit mittlerer Geschwindigkeit, die sich nicht unterscheidet von den Verhältnissen der Nachbararterien: selbstverständlich übt das auch seine Wirkung auf die betreffenden Venen aus. Es hängen diese Schwankungen ab von, soviel man erkennen kann, spontanen Erweiterungen und Verengerungen, die sich immer nur über kleine Arterienstrecken, einen, zwei Aeste ausdehnen, und die in ihrer Intensität bei verschiedenen Exemplaren, aber auch bei demselben Thier ganz ausserordentlich schwanken: ebenso wenig ist es mir möglich gewesen, irgend eine Andeutung von Regelmässigkeit im Rhythmus dieser Contractionen oder Erschlaffungen festzustellen. Uebrigens möchten diese Erweiterungen doch nur sehr selten einen solchen Grad erreichen, dass allein durch sie die Weiterbewegung eines vorher festgekeilten Pfropfes ermöglicht würde: wenigstens sind sie ganz gewiss um sehr Vieles geringer, als diejenigen, welche man jederzeit durch etwas unsanfte Berührung einer Arterie, Druck mittelst eines starken Pinsels oder dgl. willkürlich erzeugen kann, und die in der That vollkommen für die Lockerung und Weiterbeförderung eines Embolus ausreichen.

Fassen wir jetzt, nach diesen vorausgeschickten Bemerkungen, die Arterie selbst mit ihrem Embolus ins Auge, so macht sich das Bild gewöhnlich so, dass an dem Sitze des (kugligen) Pfropfes das Gefässrohr mehr oder weniger ausgebuchtet, eben durch die Wachskugel ausgebuchtet ist, während dasselbe hinter und vor derselben erheblich enger erscheint. Am Inhalt des embolisirten Gefässes ist

---

*) Virch. Archiv. XLV., p. 341.

aber am meisten auffallend die Ruhe, welche sich central und peripherisch oder, kürzer gesagt, vor und hinter der Wachskugel zeigt. Diesseits herrscht sie bis hinauf zu der oben bereits geschilderten, fluxionirten Seitenarterie; wie weit sie jenseits sich erstreckt, hängt von mehreren, alsbald zu besprechenden Bedingungen ab. Zugleich aber kann der unbewegte Inhalt des Gefässes sehr verschiedenartig sein; denn man sieht, vielleicht in einer und derselben Zunge, für einmal verstopfte Arterien, die von dem Pfropf bis zur Abgangsstelle des mehrerwähnten oberen Collateralastes **prall gefüllt sind mit ruhenden rothen und farblosen Körperchen**, von denen letztere z. Th. durch erstere verdeckt werden, und zweitens solche, in denen diese selbe Strecke **ganz blass** ist, und zwar entweder gar keine geformte Bestandtheile, mithin lediglich Plasma, oder — und das ist das Häufigere — eine mässige Menge farbloser Körperchen im Plasma schwimmend enthält. Eben diese Verschiedenheit wiederholt sich auch in dem ruhenden Abschnitt jenseits des Pfropfes; auch hier entweder **eine mehr oder weniger dichtgedrängte Säule rother Blutkörperchen** mit einigen verdeckten farblosen dazwischen, oder das Gefässrohr ist **blass** und dabei entweder ganz frei von Körperchen oder aber mit vereinzelten farblosen im Plasma*). Beiläufig mag an dieser Stelle erwähnt werden, dass an den farblosen Körperchen in diesen ruhenden Plasmaschichten amöboide Bewegungen mit grosser Evidenz sich erkennen lassen.

Alle diese Verschiedenheiten im Verhalten des verstopften Gefässes, so auffallend sie auch sein mögen, erklären sich doch ohne alle Schwierigkeit, sobald man den Act der Verstopfung selbst vor seinen Augen verlaufen sieht, und gerade diese Punkte hatte ich im Sinn, als ich vorhin empfahl, den Versuch so einzurichten, dass nur wenige und vereinzelte Pfröpfe in die Zungengefässe gerathen. Jene Differenzen sind nämlich lediglich bedingt durch die **Geschwindigkeit**, mit der die Verstopfung

---

*) Vgl. die halbschematischen Figuren 4—7, in denen die gleichmässige Farbe das strömende, die farbige Schraffirung das stagnirende Blut, und die farblos gelassenen Abschnitte diejenigen Gefässstrecken darstellen, in denen Plasma allein oder Plasma mit farblosen Körperchen sich befindet. Arterie roth, Venen blau.

geschieht. Zuweilen nämlich sieht man das Wachskügelchen mit der Geschwindigkeit des normaler Weise strömenden Blutes mitten zwischen den Blutkörperchen in eine Arterie hinein und vorwärts rollen, bis plötzlich das Lumen derselben zu eng wird und jenes mit einem Schlage festsitzt. Es geschieht das gewöhnlich dicht hinter einer Theilungsstelle, nachdem das Kügelchen noch eben in den einen Theilast hineingetrieben worden, indess auch mitten im Verlauf einer Arterienstrecke von annähernd gleich bleibendem Kaliber, von der nur gerade vorher einige ganz feine seitliche Zweige abgetreten, oder die vielleicht auch gerade in diesem Moment ihre spontane (rhythmische) Verengerung beginnt. Ist die Obturation in dieser plötzlichen Weise geschehen, so befindet sich, wie ohne Weiteres einleuchtet, vor und hinter dem Pfropfe eine Säule rothen Blutes, d. h. sehr zahlreicher rother und weniger farbloser Körper, eine Säule, die jenseits des Pfropfes vom Augenblicke der Festkeilung an absolut bewegungslos liegt, während auf die centrale Strecke zunächst noch die Blutwelle von hinten her hämmert, Anfangs sehr energisch, allmählich, sobald die Ausbiegung in den oberen Seitenast zu Stande gekommen, mit immer schwächerer Kraft. Hinfort giebt es in diesem Abschnitt des Gefässes immer nur eine ganz sanfte systolische Erschütterung, die sich indess bis an den Pfropf fortpflanzt; eine eigentliche Bewegung ist in dem centralen Theil aber nicht mehr, vielmehr ist dies der Fall, wo der Embolus **vor und hinter sich eine ruhende Säule rothen Blutes hat** (cf. Fig. 5). Jedoch kann unter genau denselben Bedingungen die Sache in dem centralen Abschnitt durch einen eigenthümlichen Vorgang auch anders sich gestalten. Wenn nämlich die Distanz zwischen dem Embolus und dem oberen fluxionirten Seitenast kurz, letzterer dabei relativ weit und geräumig ist, so kann ganz allmählig die ruhende rothe Säule sich lockern, durch eine Art Wirbelbewegung, von welcher zunächst die unmittelbar an den bewegten Seitenstrom stossenden Körperchen ergriffen werden, die aber successive die sämmtlichen Blutkörper jener kurzen Strecke mit sich fortreisst, so dass sie schliesslich in den fluxionirten Seitenast geworfen sind. In dieser Weise habe ich wiederholte Male auch in einer plötzlich obturirten Arterie den centralen Abschnitt seiner Blutkörper sich entleeren sehen, der Art, dass als schliessliches Resultat sich ergab eine ruhende rothe Säule hinter und eine ungefärbte Plasmasäule vor dem Pfropf (cf. Fig. 7). Ganz anders gestaltet sich der Vorgang, wenn das Wachskügelchen, wie man das sehr häufig beobachten kann, langsam vorwärts geschoben wird, in kleinen Schüben, einen Augenblick still stehend und dann wieder ein kleines Stückchen weiter, jetzt scheinbar schon ganz obturirend und im nächsten Moment doch noch etliche Körperchen an sich vorüber schlüpfen lassend, bis endlich die definitive Festkeilung erfolgt. Es leuchtet ein, dass bei dieser Art der Embolisirung ein allmählich wachsender Widerstand in den Blutstrom sich einschaltet, der seinerseits die Folge hat, dass weiter rückwärts, mindestens bei der nächst oberen Collaterale, öfters aber schon viel weiter in der Richtung zum Herzen, bei dem zweit- oder selbst drittoberen Seitengefäss, die Blutsäule mit ihren Körperchen immer weniger in die Arterie mit dem langsam vorwärts rollenden Pfropf und immer mehr in die offenen Seitenzweige stürzt, wo ein ähnlicher Widerstand sich nicht entgegenstellt. Zugleich damit werden Anfangs die in dem diesseitigen Abschnitt der embolisirten Arterie befindlichen Körperchen an der Wachskugel vorbeigetrieben, am hurtigsten natürlich die mit grösserer Trägheit schwimmenden rothen, während die weissen leichter zurückbleiben können. So muss endlich ein Punkt eintreten, wo der Widerstand in der verstopften Arterie so beträchtlich geworden ist, dass jetzt der ganze Strom vorher in die Seitenzweige abbiegt, und nichts mehr in die obturirte Arterie selbst hineintritt: mittlerweile sind aber auch alle Körperchen, wenigstens alle rothen, sowohl aus dem diesseitigen, als auch dem jenseitigen Abschnitt des verstopften Gefässes hinausgetrieben, und wir sehen jetzt ein blasses, ungefärbtes Gefässrohr, in dem an irgend einer Stelle eine Wachskugel festsitzt (cf. Fig. 4). Farblose Körperchen freilich pflegen inmitten des Plasmas nicht zu fehlen, was sich ohne Weiteres begreift für die Strecke jenseits des Pfropfes, in welcher der allmählich immer schwächer werdende Druck zwar noch ausgereicht hat, die rothen, aber nicht mehr die farblosen Körperchen fortzutreiben, die ja so gern an den Wänden festkleben und liegen bleiben. Aber auch in dem centralen Abschnitt kann die Gegenwart der farblosen Körperchen nicht auffallen, nicht blos weil die soeben gegebene Ueberlegung auch hierfür gilt, sondern insbesondere auch desshalb, weil die farblosen, bekanntlich immer an der Peripherie der Blutkörpersäule dahinfliessenden Zellen von dem in die Seitenarterie abbiegenden Strom noch am leichtesten in das (obturirte) Hauptgefäss abgegeben werden müssen.

Seltsam ist hierbei nur, und mir nicht völlig erklärlich, der Umstand, auf den ich schon oben hindeutete, dass nicht immer der unmittelbar vor dem Pfropf abgehende Seitenast es ist, in den die Säule der Blutkörper hineinschiesst, sondern zuweilen schon ein weiter rückwärts abgehender Zweig, während jener dann sich verhält, wie die verstopfte Arterie selbst, d. h. ungefärbt ist und von Formbestandtheilen lediglich farblose Körperchen enthält; und wie bereits oben gesagt, nicht blos ein, sondern selbst zwei solche leere Seitenäste können zwischen dem Pfropf und den fluxionirten Collateralen gelegen sein. Dass ein solches Verhalten sich einleiten kann, ist nach dem oben Auseinandergesetzten leicht begreiflich; immerhin aber sollte man doch erwarten, dass sehr bald das Blut auch bis zu diesen Seitenzweigen vordringt und in sie mit gesteigerter Lebhaftigkeit hineinschiesst. Gefüllt sind allerdings, dass darf man nicht ausser Augen lassen, selbstverständlich auch diese Seitenäste, gefüllt mit Plasma und zwar nothwendig strömendem Plasma, und räthselhaft ist, wie mir scheint, eben nur, warum nicht auch die Säule der Blutkörperchen bis in sie hineingeht. Wie bereits gesagt, weiss ich eine Erklärung für dies Verhalten nicht beizubringen, das übrigens, wie ich ausdrücklich bemerken will, doch immer nur ein vorübergehendes ist: nach kürzerer oder längerer, oft allerdings erst nach recht langer Zeit, selbst Stunden und darüber, stellt sich immer und ausnahmslos die gewöhnliche Situation her, die man a priori eben für die einzig mögliche halten sollte.

Richten wir jetzt unsere Aufmerksamkeit auf die von der verstopften Arterie gespeisten Capillaren und Venen, so wird sich damit zugleich die Frage erledigen, wie weit in dem Gefäss hinter dem Embolus die Bewegungslosigkeit sich erstreckt. Hier giebt es zwei grundverschiedene Möglichkeiten, auf denen überhaupt die ganze Wichtigkeit, resp. Bedeutungslosigkeit des embolischen Aktes beruht. Alles nämlich hängt davon ab, ob hinter dem Pfropf, zwischen ihm und dem betreffenden Capillargebiet, noch ein arterieller Zweig abgeht, der mit einer anderen beliebigen Arterie in unmittelbarer Continuität steht, also eine echte Collaterale oder richtiger gesagt, Anastomose bildet, oder ob eine solche fehlt. Denn ist diese vorhanden, so gestaltet sich Alles ganz ausserordentlich einfach. Sehr bald wird vermittelst dieser Anastomose eine ausreichende Menge von Blut in den peripheren Abschnitt der verstopften Arterie übergeführt, und die Circulation in den von dieser gespeisten Capillaren und Venen geht hinfort in regelmässigster, ungestörter Weise vor sich (cf. Fig. 7). Dabei kann je nach der Grösse des collateralen Astes und je nach der Energie der Herzkraft überhaupt die völlige Herstellung der regelrechten Circulation sich ein wenig rascher oder langsamer gestalten, und so wird es z. B. günstiger sein, wenn die Anastomose von der fluxionirten Seitenarterie entspringt, als wenn sie die obturirte Arterie mit einer entfernteren verbindet; immer aber sind das ganz unerhebliche und für das Endresultat gleichgiltige Differenzen, die höchstens auf die Schnelligkeit der Ausgleichung und der quasi Restitution des ursprünglichen Verhältnisses von Einfluss sind, nicht aber auf den Modus selber. Ferner liegt auch das auf der Hand, dass es ganz irrelevant ist, ob die Anastomose bald hinter dem Pfropf in die verstopfte Arterie einmündet, oder ob dazwischen noch andere seitliche Aeste von letzterer abgehen; denn im letzteren Falle werden diese alsbald auch ihr Blut von der Anastomose her beziehen, so dass eine Strecke lang die obturirte Arterie der ursprünglichen Richtung entgegen durchströmt wird. Es kommt eben Alles darauf an, dass die Anastomose zwischen Pfropf und Capillarausbreitung belegen ist, im Uebrigen ist der Sitz gleichgiltig. Es repräsentirt dies Verhalten aber, wie dies schon vor langer Zeit von Virchow dargethan ist, den bei Weitem günstigsten Modus bei den embolischen Vorgängen überhaupt, da hierbei die einzige bleibende Veränderung darin besteht, dass die kurze Strecke der Arterie auf beiden Seiten des Pfropfes zwischen dem nächsten oberhalb und dem nächsten unterhalb desselben abgehenden Seitenaste ausser Function gesetzt, so zu sagen ausgeschaltet wird, ohne jede weitere Einwirkung auf die Circulation in anderen Gefässen. Im Grunde genommen giebt dieses Verhalten zugleich auch das Schema für die Embolie der Capillaren, worunter ich natürlich nicht die von manchen Autoren mit Unrecht so bezeichnete Verstopfung kleinster Arterien verstehe, sondern die echter und unzweifelhafter Capillargefässe selbst. Es können kleine Wachskügelchen ziemlich weit in ein Capillargebiet vorgeschoben werden, ohne gleich im Anfang festzusitzen, weil einerseits die Capillaren an Weite nicht ganz vollkommen übereinstimmen, und andererseits auch in gleich weiten Röhren die Kügelchen vermöge ihrer glatten Oberfläche eine Strecke weit vorwärts gleiten können; auch die, freilich immer nur geringfügige Ausdehnung, deren ein Capillargefäss vermöge der ihm innewohnenden Elasticität fähig ist, wird hierbei zu Hilfe kommen. Sitzt nun an irgend einer Stelle eines Capillargebietes ein Kügelchen fest, so ist eben das Allerhäufigste, dass dieser Capillarzweig aus der Circulation ausgeschaltet ist; das Blut geht links und rechts an ihm vorüber, und ausser dem Pfropf selbst enthält diese Röhre nur Plasma, vielleicht auch ein oder das andere farblose Körperchen. Aber ausser diesem Verhalten, das, wie man sieht, die völligste Uebereinstimmung mit dem von obturirten Arterien mit jenseitigen Anastomosen darbietet, giebt es an embolisirten Capillaren noch mancherlei andere Zustände. Bald grenzt an einen Capillarpfropf auf einer, bald auf beiden Seiten eine kleine ruhende Säule rother Körperchen, und ein anderes Mal ist eine solche ruhende Säule eingeklemmt zwischen zwei Kügelchen, die in geringer Entfernung von einander festsitzen. Dann sieht man auch wohl Bewegung bis unmittelbar an den Pfropf, und insbesondere sind die Verhältnisse nicht stabil; was in diesem Augenblicke sich zeigt, kann eine Stunde später verschwunden sein, und umgekehrt. Alles das begreift sich leicht, theils aus den früheren, für die Arterien gegebenen Auseinandersetzungen, theils aus der grossen Unregelmässigkeit und Ungleichmässigkeit des capillaren Blutstroms überhaupt. Für den Gesammteffect desselben, die Ueberführung des Blutes aus den Arterien in die

Venen, ist aber zunächst eine selbst mehrfache Wachsembolie, wenn nicht gar zu viele Capillaren davon betroffen sind, ganz gleichgiltig, da eben immer noch genug Haarröhrchen übrig bleiben, welche die Circulation vermitteln. Ob allerdings nicht doch bei längerer Dauer die Gegenwart solcher Pfröpfe von nachtheiligen Folgen für die Capillaren sein können, davon werden wir weiterhin noch eingehender zu handeln haben.

Zuvor aber wollen wir jetzt den Fall in Erwägung ziehen, wo jenseits des Embolus von der obturirten Arterie keine arterielle Anastomose abgeht, vielmehr hinter ihm, nach längerer oder kürzerer arterieller Verästelung, direct die Capillarausbreitung folgt, wo es sich also um die Verstopfung einer — diese Bezeichnung möchte ich der Bequemlichkeit halber dafür vorschlagen — „Endarterie" handelt. Gleichviel ob diese Endarterie gross oder klein, ob also das von ihr gespeiste Capillar- und Venengebiet ausgedehnt ist oder nur von geringem Umfange, immer wird jenseits des Pfropfes absolute Bewegungslosigkeit herrschen, in den Arterienzweigen sowohl, als auch in den Capillaren und den abführenden Venen, bis zu der Stelle, wo die betreffende Vene zusammenfliesst mit einer anderen, die von einer zweiten, nicht verstopften Arterie her gespeist wird, und in der mithin die regelmässige, vielleicht selbst, wenn diese Vene ihr Blut aus der fluxionirten Seitenarterie bezieht, beschleunigte Bewegung statt hat. Hierfür kann es auch von keinem Belang sein, ob die Verstopfung plötzlich oder allmählich zu Stande gekommen; im ersteren Falle ist es eine Säule rothen Blutes, welche bewegungslos die Gefässe anfüllt (s. Fig. 5), während im zweiten alle Gefässe blass sind und vielleicht selbst nur eine so geringe Menge von Plasma enthalten, dass man sie füglich als zusammengefallene bezeichnen kann (s. Fig. 4). Nicht lange indessen hält dieser Ruhezustand an. Bald nämlich beginnt unter den Augen des Beobachters in den bisher stromlosen Venen eine rückläufige Bewegung. Es beginnt dieselbe an der Vereinigungsstelle der ruhenden mit der strömenden Vene, indem letztere zwar den grössten Theil ihres Inhalts in normaler Richtung zum Herzen hin entleert, eine gewisse Quantität davon aber auch in den bewegungslosen Venenast vorschiebt, in direct von jener divergirenden Richtung (cf. Fig. 6). Langsam und ganz allmählig dringt nun in der unbewegten Vene die Blutsäule vor, rückläufig bis in die Capillaren hinein, und selbst über diese hinaus in die Arterienäste; um so leichter und bequemer, je leerer das Gefässgebiet zuvor gewesen. Anfangs geschieht das Vordringen der rückläufigen Blutsäule ganz gleichmässig, wie der Venenstrom überhaupt; sobald aber die Füllung des Gefässgebietes einen gewissen Grad erreicht hat, so stellt sich eine Art rhythmischer Bewegung ein, ein Va-et-vient, ganz ähnlich, wenn schon nicht so energisch, wie bei der Stauung nach Unterbrechung des venösen Abflusses*).

Es kann dieses Va-et-vient den Beobachter vielleicht selbst zeitweise zweifeln lassen, ob wirklich die Blutkörperchen in den Venen in peripherer Richtung vorwärts getrieben werden; doch schwindet jedes Bedenken, sobald man längere Zeit eine bestimmte Stelle genau fixirt, und besonders wenn man das Ende der vordringenden Körpersäule ins Auge fasst, ganz abgesehen selbst von dem durch die immer zunehmende Röthung so deutlich characterisirten makroskopischen Eindruck.

Denn selbstverständlich muss die successive Erfüllung des Gefässgebietes der embolisirten Arterie mit Blut, die Anschoppung, wie man diesen Vorgang gewiss zweckmässig benennen kann, nach einiger Zeit auch für das unbewaffnete Auge kenntlich werden. Bis es dazu gekommen, darüber vergehen allerdings meist etliche Stunden; von da ab aber wird der betreffende Abschnitt der Zunge immer lebhafter roth, und nach Ablauf von 1, 2 Tagen erscheint derselbe in dem ruhig liegenden, nicht ausgespannten Organ, als ein dunkelrother, scharf abgegrenzter Keil, gegen den die übrige Zunge durch ihre Blässe auf's Lebhafteste absticht. Spannt man jetzt dieselbe aus und untersucht sie mikroskopisch, so sieht man sämmtliche Gefässe dieses rothen Keils strotzend gefüllt mit dichtgedrängten rothen Blutkörperchen, deren einzelne Contouren in den Capillaren gewöhnlich nicht mehr zu erkennen sind; dabei immer noch in den grösseren Venen die Bewegung des Va-et-vient. Innerhalb dieses Bezirks haben übrigens alle übrigen Bestandtheile der Zunge ein ganz unverändertes Ansehen; die Epithelien von ganz

---

*) Vgl. Virch. Arch. XLI., p. 224.

normalem Habitus, die Flimmerung ganz ununterbrochen, nur einzelne der Muskelfasern von etwas auffälligem Glanz und hier und da selbst innerhalb des Sarkolemms zerklüftet, in Stücke zerbrochen. Wenn ich aber oben sagte, dass es für diesen ganzen Vorgang gleichgiltig sei, welche Grösse die obturirte Endarterie habe, so bedarf dies doch einer kleinen Einschränkung. Der Stillstand ist allerdings die constante, unabweissliche Folge der Embolie aller Endarterien, für die Entwicklung der Anschoppung aber bedarf es doch eines gewissen Kalibers der Arterie, eines gewissen, wenn auch immerhin geringfügigen Umfanges, des von der betreffenden Arterie gespeisten Capillarbezirkes; hinter der Verstopfung sehr kleiner Arterien habe ich die Anschoppung fast immer ausbleiben sehen. Die seitlichen äusseren Aeste der Lingualis würden ihrer Grösse nach schon vollkommen ausreichen, wenn dort nicht wieder die so häufigen Anastomosen derselben untereinander hinderlich sein würden, und so gewährte das bei Weitem typischste und prägnanteste Bild die Verstopfung der Hauptarterie selber. Denn, wie früher betont, existirt zwischen den beiden A. linguales meistentheils nur die eine Anastomose in der Nähe des vorderen Randes der hervorgestreckten Zunge, wo diese in die beiden Zipfel ausläuft. Ist nun, wie es bei der directen Injection der Wachskügelchen in das innerste Aortenrohr gewöhnlich geschieht, auch der Zugang zu dieser Anastomose durch etliche Kügelchen verschlossen, so haben wir eine Endarterie in optima forma, deren Versorgungsgebiet die ganze betreffende Zungenhälfte ist In der That bildet sich hier sehr bald die schönste Anschoppung aus, genau in der oben geschilderten Weise. Ganz besonders kommt hierfür die so constante querverlaufende grosse Verbindungsvene zwischen den beiden seitlichen Hauptvenen, in der Nähe der Zungenwurzel, zu Statten; ist die rechte Lingualarterie verstopft, so führt hinfort die Quervene constant Blut von links nach rechts, von dem die Hauptmasse in normaler centripetaler Richtung in die Vene am Boden der Mundhöhle abfliesst, ein Theil aber auch centrifugal rückläufig in die rechte Lingualvene in die Zunge selbst übertritt.

Die Erklärung aber für diesen ganzen Vorgang der Anschoppung ist die einfachste von der Welt. In dem ganzen Gefässbezirk hinter dem Pfropf ist der Druck Null, in der communicirenden strömenden Vene zwar gering, doch immer positiv, und so muss die unmittelbare Folge sein, dass so lange von dieser Vene aus Blut in jenen Bezirk einströmt, bis der Widerstand in diesem dem Venendruck das Gleichgewicht hält. Das Aufteten der rhythmischen Bewegung des Va-et-vient ist eben das erste Zeichen dieses Widerstandes. Uebrigens bedarf es wohl kaum eines Hinweises darauf, wie sehr es für diese Vorgänge ins Gewicht fällt, dass das Blut in den Gefässen der Froschzunge so schwer gerinnt, und andererseits leuchtet auch ohne Weiteres ein, wie die Anschoppung um so weniger leicht und sicher eintritt, je kleiner die betreffende Vene, je niedriger mithin der in ihr herrschende Druck ist. Nur von einem einzigen Moment sollte man erwarten, dass es für die Anschoppung auf dem geschilderten Wege hinderlich sein müsste, d. i. der Action der Venenklappen, die wenigstens in den grösseren Venen der Froschzunge nicht fehlen. Indessen sind dieselben von einer so eigenthümlichen anatomischen Einrichtung, dass sie die erwartete Wirkung nicht entfalten können. Denn die Venenklappen der Froschzunge sind starr und unbeweglich; ihrer zwei an jeder Stelle einander gegenüberstehend, inseriren sie sich schiefwinklig in der Venenwand, und steigen als gerade, starre Septa schräg in centripetaler Richtung einander entgegen, ohne dass sie indess lang genug sind, damit ihre freien Ränder sich berühren könnten. Die so beschaffenen Klappen werden nun auch während des normalen Stromes nicht gegen die Wand gedrängt, vielmehr sieht man sie immer so, wie Fig. 2. es zeigt; hinter jeder Klappe ein offener Sinus, der um so geräumiger ist, als an dieser Stelle die Venenwand selbst eine kleine Ausbuchtung zeigt, und zwischen beiden feststehenden Segeln eine mehr oder weniger breite Spalte, durch welche die Blutflüssigkeit und der Strom der Blutkörperchen sich hindurch zwängt. Verfolgt man unter dem Mikroskop eine grössere Vene der Zunge in centripetaler Richtung, so sieht man plötzlich an einer Stelle den breiten rothen Strom sich keilförmig zuschärfen, um dann mit einem Male wieder breit zu werden; an dieser Stelle sitzt die Klappe, und die keilförmige Verschmälerung wird eben durch die Starrheit derselben bedingt; über den freien Rand der Klappensegel sieht man fortwährend vereinzelte rothe Körperchen in den Sinus hinüberperlen, die in diesem in wirbelnder Bewegung tanzen, bis sie schliesslich doch immer in den grossen Strom fortgerissen werden. Die so beschaffenen, in physiologischem Sinne rudimentären Venenklappen setzen nun auch dem rückläufigen Strom ein Hinderniss nicht entgegen; es füllen die Sinus sich dabei allerdings bald ganz mit dichten rothen Blutkörperchen, aber die Segel werden darum doch nicht gegeneinander gedrückt, vielmehr bleibt die offene Spalte zwischen ihnen in ganz ungeminderter Weite, so dass Flüssigkeit und Körperchen ohne Schwierigkeiten hindurch passiren können (vgl. die Fig. 3).

Ist aber die Darstellung, welche ich soeben von den Folgen der Verstopfung einer Endarterie gegeben, richtig, so muss sich genau derselbe Effect einer successiven Anschoppung erzielen lassen durch Unterbindung derselben. Bei der Froschzunge genügt, wie erwähnt, die Versperrung der einen vorne belegenen arteriellen Anastomose, um jede der beiden Linguales zur Endarterie für die betreffende Zungenhälfte zu machen. Umschlingt man nun zuerst mit einem feinen Faden genau in der Mitte zwischen beiden Zipfeln oder ein Wenig näher der Versuchsseite zu einen Randsaum von etwa 2 Mm. Breite, innerhalb dessen die mehrerwähnte Anastomose belegen ist, so hat alsdann die Ligatur der A. lingualis, am besten unmittelbar nachdem sie über den Rand des Unterkiefers hinübergetreten, die Anschoppung der betreffenden Zungenhälfte zur sicheren Folge. Genau in derselben Weise, mit derselben Geschwindigkeit, wie es bei der Embolisirung geschieht; und wenn schliesslich bisweilen nach der Arterienligatur die Anschoppung nicht denselben Grad erreicht, wie nach der Verstopfung, oder auch wohl wieder schwächer wird, als sie es schon war, so hat das seinen Grund darin, dass sich allmählich doch noch einzelne, ursprünglich ganz feine und kaum als solche kenntliche arterielle Anastomosen stärker entwickeln und in Action treten können, was ja bei der Verstopfung durch vielfache, in Distancen hintereinander sitzende Wachskügelchen unmöglich ist.*)

Bis hierher ist Alles ohne Weiteres verständlich, und hätte die Embolie einer Endarterie keine anderen Folgen, als die Anschoppung hinter sich, so würde sich für die Erklärung des Vorganges nicht die geringste Schwierigkeit bieten. Indessen, dem ist nicht so; sobald nach der Verstopfung ein etwas grösserer Zeitraum verstrichen ist, tritt zu der Anschoppung ein Neues, die Hämorraghie. Unter den Augen des Beobachters beginnen häufig schon am dritten, sicherer am vierten Tage — es empfiehlt sich dabei für die Erhaltung der Thiere mehr, die Frösche durch sehr schwache Dosen immer von Neuem zu curaresiren, als durch eine starke Dosis sie mehrere Tage hintereinander in Narkose zu halten — es beginnen, sage ich, die strotzend gefüllten Capillaren an ihren Contouren mit rothen Blutkörperchen sich zu spicken, zuerst immer die Schlingenknäuel in den Papillen, dann aber auch die Capillaren der glatten Fläche, und allmählich wird die Menge der Blutkörperchen zu den Seiten der Capillaren so gross, dass diese an etlichen Stellen völlig davon umsäumt scheinen; liegen nun, wie in den Papillen, mehrere Haarröhrchen hart aneinander, so fliessen die ausgetretenen Körperchen sehr bald zu einem completten Haufen zusammen, der schon vom blossen Auge als eine punktförmige Blutung erkennbar ist. Aber auch ohne dies Confluiren bilden sich an etlichen Stellen kleine Extravasathaufen. Hier und da nämlich verlassen die Körperchen nicht in gleichmässiger Menge die Capillaren in ihrer ganzen Länge, sondern einzelne Punkte

---

*) Der ganze Vorgang der Anschoppung lässt sich gerade mittelst der Ligatur in einem einfachen und zierlichen Versuche recht prägnant demonstriren. Man sperrt an einer Zunge in der im Text beschriebenen Weise die vordere Anastomose, und legt um die linke A. lingualis einen Faden, ohne ihn zuzuschnüren; alsdann spannt man die Zunge aus und reibt sie, bis sie scharlachroth wird. Spritzt man jetzt von der inneren Abtheilung der linken Aorta aus $\frac{3}{4}$ procentige Kochsalzlösung durch die Zunge, so wird die linke Hälfte sofort schneeweiss werden, im lebhaftesten Contrast zu der rothen rechten Hälfte. Jetzt schnüre man rasch den Ligaturfaden um die linke A. lingualis zu, und einige Stunden später wird man die linke Hälfte roth, dagegen die rechte, in Folge der successiven Rückkehr ihrer Gefässe zur normalen Weite, blass finden.

sind besonders bevorzugt; man sieht meist langsam hintereinander, zuweilen aber auch in ziemlich rascher Proportion an einer bestimmten Stelle der Capillaren eine grosse Menge rother Körperchen hinausschlüpfen, die sich alsdann auch zu einem Häufchen sammeln. Was für Punkte das sind, das lässt sich in keiner Weise vorher angeben, da diese Stellen ganz und garnicht in ihrem Habitus von der übrigen Gefässwand differiren; irgend eine morphotische Veränderung zeigt sich. auch bei den stärksten Vergrösserungen, in dem gesammten Gefässgebiet nicht; so wenig in den Capillaren, als in den Venen, von denen die kleinsten auch der Schauplatz kleiner Extravasirungen werden können, während ich diese an den grösseren und an den Arterien nie wahrgenommen habe. Das schliessliche Resultat dieser Blutaustretungen, die mehrere Tage hindurch fortdauern, ist, dass der ganze, früher roth angeschoppte Zungenabschnitt inzwischen zu einem schwarzrothen, erst recht scharf gegen die übrige Zunge abgesetzten Keil geworden ist, dessen Volumen übrigens nur sehr wenig vergrössert, dessen Consistenz auch nicht besonders zugenommen hat; und indem jetzt das Blut nicht mehr blos in den Gefässen. sondern auch im Gewebe sich angesammelt hat, ist damit zu Stande gekommen, was wir seit lange einen „hämorraghischen Infarct" nennen. Auch wenn es bereits soweit ist, sieht man immer noch die Bewegung des Va-et-vient in der grossen Lingualvene unmittelbar in der Nähe der Einmündung des queren Verbindungsastes: ein untrügliches Zeichen dafür, dass auch jetzt noch nicht Gerinnung in der Vene eingetreten. Uebrigens bemerke ich noch ausdrücklich, dass ich diese Infarcirung zwar nicht regelmässig, aber doch zu wiederholten Malen auch nach der Ligatur der A. lingualis habe eintreten sehen, was nach dem Früheren ja nicht überraschen kann.

Aber nicht blos nach der Obturation einer Endarterie sind Blutungen eine regelmässige Folge, sondern nicht selten treten solche auch auf im Gefolge von Capillarembolien, während dagegen die Verstopfung einer Arterie mit jenseitiger Anastomose niemals dergleichen nach sich zieht. Auch bei der Capillarembolie ist das keinesweges constant. Im Gegentheil habe ich eine mässige Anzahl kleiner Wachskügelchen innerhalb des Capillargebietes der Froschzunge an etlichen Stellen viele Wochen stecken sehen, ohne dass eine einzige Blutung zu Stande gekommen, überhaupt auch nur die geringste Veränderung sich ausgebildet hätte. Andere Male aber habe ich unter meinen Augen am dritten, vierten Tage, oder auch später an irgend einer Stelle, zuweilen ganz unmittelbar an einem Wachskügelchen, zuweilen in kleiner Distanz von demselben, einige Male ziemlich entfernt und anscheinend ohne alle Beziehung dazu. Blutkörperchen durch die Capillarwand hindurchschlüpfen sehen, erst eines, dann wieder eines, dann ein drittes, und allmählich, immer an derselben Stelle, eine solche Menge, dass daraus ein kleiner, schon mikroskopisch sichtbarer Extravasathaufen entstand, der entweder mehr auf einer Seite der betreffenden Capillare lag, oder aber dieselbe so rings umgab, dass sie mitten hindurch verlief. War nun diese Extravasation gerade am Sitz eines Wachskügelchens geschehen, so resultirte dann das bemerkenswerthe Bild eines **punktförmigen Extravasates, in dessen Centrum ein Embolus sass.** Aber vergeblich würde man bei allen diesen Bluthäufchen nach dem centralen Embolus forschen; bei der ganz entschiedenen Mehrzahl fehlt derselbe, und auch an der Capillare, die das Extravasat berührt, ist nicht das Geringste zu entdecken, was sie von den übrigen unterschiede. Denn ich will hier ganz ausdrücklich betonen, dass ich solche Extravasirung sowohl aus Capillaren habe erfolgen sehen, in denen die Circulation regelmässig fortging, als auch aus solchen, in denen eine stillstehende Blutsäule sich befand: wechselnde Zustände, für die ja schon oben die Erklärung beigebracht worden ist. Unter diesen Umständen ist man für die directe Beobachtung dieser capillaren Blutungen auch ganz und gar vom Zufall abhängig; man mag stundenlang eine anscheinend verdächtige Stelle ins Auge gefasst haben ohne jeden Erfolg, und in unmittelbarster Nähe hat sich inzwischen ein bereits makroskopisches Extravasat gebildet, zu dessen Entstehung zuweilen selbst eine viertel bis halbe Stunde genügt, andere Male freilich mehrere Stunden erforderlich sind, je nach der Schnelligkeit des Ausschlüpfens der rothen Körperchen. Man sieht, man hat es hier mit einem delicaten Phänomen zu thun, von dem man selbst zweifelhaft sein könnte, ob es wirklich mit der Capillarembolie im Causalnexus stehe. Denn so sehr jene Bilder, wo das Wachskügelchen das Centrum des Bluthaufens einnimmt, dafür zu sprechen scheinen, so würde man a priori doch gar nicht daran denken bei denjenigen Extravasaten, die entfernt von einem Pfropfe vor sich gehen, und zwar um so weniger, als es beim Frosche, besonders im Hochsommer und bei den in Gefangenschaft lebenden am Ende des Winters, gar nicht zu den Seltenheiten gehört, dass in der Haut, den Muskeln, der Darmserosa und dem Mesenterium, der Auskleidung der Lymphsäcke, der Harnblase etc. ganz spontan, wenigstens ohne jeden künstlichen Eingriff, Blutungen per diapedesin, oft in ausserordentlich grosser Zahl, geschehen, denen die Thiere schliesslich erliegen.*) Doch will ich weiter unten eingehender darzulegen suchen, in wie weit und in welcher Weise ich glaube, dass man berechtigt ist, jene punktförmigen Blutungen auf die Capillaremboliëen zurückzuführen.

Indessen dürfte es doch gerathen sein, bei diesen Erwägungen von dem einfacheren und jedenfalls constanteren Phä-

*) Bei dieser Gelegenheit mag es mir gestattet sein, beiläufig hervorzuheben, dass ich den Prussak'schen Versuch einer künstlichen Erzeugung von Hämorrhagien per diapedesin durch Einspritzung von Kochsalzlösung in die Lymphsäcke des Frosches (Wien. akad. Sitzungsb. Math. naturw. Cl. 2. Abthlg. LVI. 13—23) zu meinem Bedauern nicht anerkennen kann. Ich habe den Versuch zahllose Male, genau nach den von Prussak gegebenen Vorschriften, theils selbst wiederholt, theils durch Andere wiederholen lassen, und habe, bei sonst gesunden und kräftigen Thieren, niemals Blutungen in der Mb. natans oder an anderen Stellen erzielen können; auch räumte Herr Prussak, den ich bereits im Winter 1868 darüber persönlich interpellirte, bereitwillig ein, dass das Resultat des Experimentes kein constantes sei, er daher bei einer Wiederholung auch selbst für das Gelingen nicht garantiren könne. Mir selbst sind bei den grössten Dosen die Frösche unter den Erscheinungen hochgradiger Hautblässe gewöhnlich gestorben, während kleinere und mittlere Dosen ohne alle Folgen waren. Ich habe, wenngleich dies mit der uns hier beschäftigenden Aufgabe an sich nichts zu thun hat, doch nicht unterlassen wollen, meine Bedenken hier zu äussern, und zwar um so mehr, als ich bei einer früheren Gelegenheit, unmittelbar nach der Publikation des Prussak'schen Versuches, selbst von demselben als von einer unzweifelhaften Thatsache gesprochen habe, und als seitdem von mehreren Autoren dieser Versuch bereits für die Theorie scorbutischer Blutungen u. dgl. verwandt worden ist. Dieselben werden es gewiss, gleich mir, aufrichtig bedauern, dass jenes anscheinend so plausible und erwünschte Versuchsergebniss vor einer objectiven Prüfung nicht Stich zu halten scheint. Sollte Prussak vielleicht durch spontane Blutungen seiner Exemplare, unter den im Text angedeuteten Bedingungen, getäuscht worden sein?

nomen auszugehen, nämlich der Blutung nach Verstopfung einer Endarterie. Wie ist diese zu erklären? Dass es sich auch bei dieser im Wesentlichen um eine Hämorraghie per diapedesin handelt, dafür spricht zu augenscheinlich der ganze oben geschilderte Modus ihrer Entstehung; jedoch wird man heutzutage auf diesen Punkt eine besondere Betonung nicht mehr legen, seit wir wissen, dass es zum Hinausgelangen von Blutkörperchen aus dem Gefässrohr keinesweges so gewaltsamer Einwirkungen, wie einer groben Zerreissung bedarf, dies vielmehr ein Factum ist, das sich ganz ausserordentlich häufig, bei jeder Entzündung, jeder Stauungshyperämie, zuträgt. Fragen wir aber nach dem Momente, das in dem uns beschäftigenden Falle die Extravasation der Blutkörperchen bewirkt, so liegt zunächst auch hier es nahe, das Ganze als einen Druckeffect anzusehen, wenigstens verläuft der ganze Vorgang ganz ähnlich dem, was man bei der Stauung in Folge von Venensperre wahrnimmt. Frelich liegen die mechanischen Verhältnisse hier doch sehr anders; und, wie ich oben bereits angedeutet, sollte man erwarten, dass rückläufig in die Vene nur so lange Blut einfliesst, bis dadurch ein Widerstand erzielt ist, der dem positiven Drucke in der strömenden Vene das Gleichgewicht hält. Nun scheint doch das Natürlichste anzunehmen, dass unter der Wirkung dieses rückläufigen Stromes, nachdem die Capillaren vollgefüllt sind, zunächst eine Transsudation von Blutflüssigkeit geschehen müsse, in deren Folge die Blutkörperchen selber eng zusammengedrängt und damit einen festen Widerstand entgegensetzen würden; und das Bild der ganz gleichmässig rothen Capillaren, mit den verwischten Blutkörpercontouren, scheint auch ganz in diesem Sinne zu sprechen. Doch schon der Umstand, dass eben der angeschoppte Theil nicht zugleich anschwillt, muss zur Vorsicht mahnen; wichtiger aber dünkt es mir noch, dass man immer sich erinnere, worauf schon von vielen Seiten, insonders neuerdings wieder von Hering, aufmerksam gemacht ist, dass die Substanz der Blutkörperchen nicht fest in physikalischem Sinne, sondern von ganz eigenartigem Aggregatzustande ist. Ja, würde das Blut in dem angeschoppten Gebiet gerinnen, so würde die obige Anschauung vom Widerstande ohne Weiteres Geltung haben; das geschieht ja aber nicht, und gerade die so lange andauernde Bewegung des Va-et-vient spricht auf's Deutlichste dafür, dass man es vielmehr anhaltend mit einer **Flüssigkeit zu thun hat**, welche die Gefässe des angeschoppten Bezirkes erfüllt. Hiernach hat man sich also vorzustellen, dass anhaltend und unausgesetzt auf dem gesammten Inhalte dieses Gefässbezirkes der positive Druck der communicirenden strömenden Vene wirkt, mithin auch auf den Capillaren, die eben möglicher Weise unter diesem steten Druck — beim Fehlen jeglichen Abflusses — nachgeben müssen. Freilich kann ich mir nicht verhehlen, dass diese ganze Erklärung doch Mancherlei des Gezwungenen und Künstlichen an sich trägt, und vor Allem reicht sie in keiner Weise aus, die Blutungen zu erklären im Gefolge der Capillarembolien, wo ja ein so anhaltend wirkender Druck nie und in keiner Weise entstehen kann. Unter diesen Umständen aber wird die Ueberlegung, wie mir scheint, mit einiger Nothwendigkeit auf einen anderen Punkt gedrängt, nämlich auf die Beschaffenheit und Widerstandsfähigkeit der Gefässwandungen selbst im embolisirten Bezirk. In diesem Sinne habe ich die nachfolgende Versuchsreihe angestellt, von der ich denke, dass sie über die uns beschäftigende Frage Klarheit verbreiten wird.

II. Ueber die Abhängigkeit der Integrität der Gefässwand von der Circulation.

Dass zwischen den Gefässen und dem in ihnen circulirenden Blute enge Relationen und gegenseitige Abhängigkeitsverhältnisse existiren, ist an sich eine so auf der Hand liegende, man möchte fast sagen, triviale Thatsache, dass es fast überflüssig erscheinen könnte, dieselbe ausdrücklich hervorzuheben. Denn da es keine Kautschuckschläuche sind, in denen das Blut kreist, sondern zusammengesetzte, hoch organisirte Apparate, in deren Aufbau Epithelien und Bindegewebe, Muskelfasern und Nerven, Blutgefässe und selbst Ganglienzellen eingehen, so versteht es sich von selbst, dass sie, gleich den anderen Apparaten des thierischen Körpers, auf Einflüsse, die auf sie ausgeübt werden, reagiren, und andererseits selbst wieder auf andere Theile wirken können; und was läge für die Gefässwand näher und mehr im Bereich ihrer Action, als das circulirende Blut? Doch denke ich in diesem Augenblicke nicht gerade an die in den letzten Jahrzehnten so sorgfältig studirten Einwirkungen, welche die Stromgeschwindigkeit, der Druck, kurz die Circulation ganz allgemein erfährt durch Contractionen und Erweiterungen der Gefässe, zu denen ihre histologische Einrichtung sie so gut befähigt. Denn wenn man auch von diesem interessanten Gebiet absieht, so bleibt noch eine Reihe von Erfahrungen, die den Physiologen und Pathologen gleich geläufig sind, und die in sprechender Weise die gegenseitige Abhängigkeit der Gefässe und des in ihnen strömenden Blutes darlegen. Ist es doch ganz vor Allem die Integrität und die Vitalität der Gefässwand selber, die das Blut flüssig erhält; und jeder Pathologe gedenkt sogleich der Thromben, welche sich auf atheromatösen Geschwüren, verkalkten Herzklappen, oder anderweiten Unebenheiten und Rauhigkeiten der Gefässwand niederschlagen, und wird ohne Weiteres die tägliche Erfahrung anführen, dass das Blut in nekrotisirenden oder auch acut entzündlich veränderten Gefässen gerinnt. Und andererseits wird es nicht weniger oft beobachtet, wie die puriforme Schmelzung eines Thrombus sogleich die bisher intacte Gefässwand in Erkrankung versetzt. Nichtsdestoweniger, glaube ich, ist dies ein Gebiet, welches bisher nicht in ausreichender Weise cultivirt ist. Denn einerseits beziehen sich die oben angeführten Erfahrungen alle auf Gefässe von einem gewissen Kaliber, die sammt und sonders mit Vasa vasorum ausgestattet sind, und wir müssten somit, wenn jene Thatsachen die einzigen hier in Betracht kommenden wären, annehmen, dass in den kleineren Gefässen die Wand in weniger engen Beziehungen zu dem Inhalt stände, während doch eine einfache Ueberlegung uns darauf weist, dass gerade die Kleinheit einestheils und der Mangel der Vasa vasorum anderntheils die gegenseitige Abhängigkeit nur vollständiger machen muss. Aber hierzu kommt ferner, dass es von vornherein doch gar keine Wahrscheinlichkeit für sich hat, dass die Gerinnung die alleinige Veränderung ist, die das kreisende Blut erleiden kann, und dass wir uns zu dieser Annahme doch erst dann entschliessen können, wenn wir durch den Versuch dargethan haben, dass die Thrombose die einzige Antwort ist, welche das circulirende Blut auf Veränderungen ertheilt, denen die umschliessende Gefässwand ausgesetzt wird. Und weiter ist man, wie mir scheint, bei der Würdigung des Verhaltens der Gefässwand auch in zu enger Weise vorgegangen. Wenn an einem Gefäss sich jene groben, oben erwähnten Störungen nicht nachweisen liessen, so ist man immer geneigt gewesen, dasselbe für gesund und functionsfähig zu halten, und von mikroskopischen Veränderungen wüsste ich nicht, dass, abgesehen von den ganz chronischen Processen der Amyloiddegeneration und Verkalkung, irgend Etwas in Betracht gezogen wäre, ausser dem Auftreten von Fett in den Elementen der Wandung. Niemand ist aber bis heutigen Tages im Stande gewesen, den Nachweis zu führen, dass die Anwesenheit von Fettkörnchen — die man z. B. in den feinen Gefässen Skorbutischer gänzlich zu vermissen pflegt — für die Function der Gefässwand von Nachtheil oder überhaupt von Bedeutung wäre. Haben wir aber wirklich ein Recht, kleine Blutgefässe, in deren Wandung wir keine Fettkörnchen, an denen wir überhaupt nichts Abnormes wahrnehmen, für „normal" zu halten? Bei der Muskelfaser, dem Nerv haben wir seit lange darauf verzichtet, durch morphologische Kriterien ein untrügliches Urtheil über die Function uns bilden zu wollen, und auch bei der Drüse wird wohl heute Niemand mehr wagen, blos auf eine morphologische Prüfung hin auszusagen, ob dieselbe normal secernirt und functionirt habe; sollte nicht dieselbe Zurückhaltung auch bei den Gefässen geboten sein? Die Function der Gefässe ist die regelmässige Unterhaltung der Circulation: ob diese Function in ganz normaler Weise ausgeübt wird, das scheint mir das eigentliche Kriterium für die Integrität der Gefässwand, und auf diesen Punkt wird also auch in erster Linie der Versuch zu richten sein.

Indessen ist es gegenwärtig nicht meine Absicht, die hier in Betracht kommenden Fragen in extenso einer Untersuchung zu unterziehen, und gedenke vielmehr diese ganze Aufgabe, die auch zu den Entzündungsfragen mannigfache Beziehungen haben dürfte, bei einer anderen Gelegenheit eingehend und im Zusammenhange zu behandeln. Für den uns beschäftigenden Zweck reicht es aus, einen bestimmten Punkt ins Auge zu fassen, nämlich die Wirkung der Absperrung des Blutes von einem Gefässgebiet auf diese Gefässe selber. Denn dies ist es ja, was bei der Embolie einer Endarterie statt hat, und wovon wir argwöhnen, dass die Hämorraghien darauf zu beziehen seien. Freilich ist der Versuch hier nicht so einfach, wie wenn es gilt, die Abhängigkeit der Muskelerregbarkeit von dem circulirenden Blute zu prüfen. Denn wenn wir die zuführende Arterie eines Bezirkes absperren, so kommt, wie oben auseinandergesetzt, von der Vene rückläufig das Blut in die Capillaren; mithin der Fall, dessen Zusammenhang wir ja gerade durch getrennte Prüfung der einzelnen Bedingungen erforschen wollen; und sperren wir andererseits auch die Venen zu, so ist allerdings das Blut absolut fern gehalten von den Gefässen dieses Bezirkes, aber selbstverständlich können wir inzwischen auch nicht die Functionsfähigkeit prüfen. Es bleibt demnach nichts übrig, als den Versuch so anzustellen, dass man durch eine bestimmte, gemessene Zeit hindurch das Blut vollkommen absperrt, und indem man es hernach wieder zulässt, nun sieht, wie die Circulation vor sich geht. Etwaige morphologische Veränderungen an den Blutgefässen selbst können selbstverständlich schon während der Absperrung selber, und zwar mit sogar grösserer Bequemlichkeit und Sicherheit constatirt werden.

Als Versuchsobject benutzte ich auch hier zunächst wieder die Zunge des Frosches, und es scheint mir deshalb räthlich, ehe ich zur Beschreibung des Experimentes selber und seines Resultates mich wende, zuvor mit wenigen Worten das Verhalten der längere Zeit hindurch beobachteten, ausgestreckten Zunge zu schildern, was am sichersten uns gegen etwaige irrthümliche Schlüsse schützen wird. Wenn einem auf dem Bauche liegenden, curaresirten Frosche die Zunge zum Munde hervorgeholt und auf dem mehrerwähnten Objectträger ausgespannt wird, so sind die Gefässe Anfangs, in Folge der mit der Ausspannung einhergehenden Zerrung, sämmtlich weit, und das Blut fliesst in ihnen mit grosser Geschwindigkeit. Nach einiger

Zeit, einer halben Stunde etwa — doch giebt es in dieser Beziehung sehr erhebliche individuelle Differenzen — beginnen sich allmählich die Gefässe zu verengern, immer zuerst die Arterien, erst hernach die Venen, die übrigens immer weiter blieben, als die correspondirenden arteriellen Gefässe.*) Mittlerweile ist auch der Blutstrom immer langsamer geworden, und ganz besonders in etlichen Capillaren sieht man mit grösster Bequemlichkeit nur hin und wieder vereinzelte Körperchen durchschlüpfen. Sehr häufig, aber keineswegs immer, hat sich unterdess in den Venen die Randstellung der farblosen Körperchen ausgebildet, ganz besonders in den kleineren und mittelgrossen Venen, jedoch niemals, so verführerisch das Bild auch aussehen mag, kommt es zu einer Emigration derselben; wenn letztere überhaupt in der ausgestreckten, im Uebrigen nicht behandelten Zunge geschieht, so kann das nur sehr sporadisch und vereinzelt sein, am ehesten wohl noch aus den Capillaren. In dieser selben Weise, mit relativ engen Gefässen und einem Blutstrom von kaum mittlerer Geschwindigkeit, verharrt nun die Zunge, selbst wenn man sie, nach Application stärkerer Curaredosen, zwei, drei Tage und mehr ausgespannt liegen lässt, natürlich in einem gegen Verdunstung und Vertrocknung geschützten Raum, am besten unter einer Glasglocke, während der Frosch selbst zugleich in feuchtes Moos eingehüllt ist; die Circulation erfährt hierbei keinerlei weitere Veränderung. Auch die Epithelien nehmen höchstens allmählich etwas schärfere Contouren an, die Flimmerung hält in ununterbrochener Lebhaftigkeit an, die Muskelfasern behalten trotz der starken und andauernden Spannung durchaus ihr normales quergestreiftes Aussehen, und ebensowenig zeigen die Nervenfasern die geringste Aenderung ihres gewöhnlichen Habitus.

Um nun von der Froschzunge das Blut ganz abzusperren, dazu genügt es nicht, die seitlichen Hauptstämme der A. und V. linguales zu ligiren, weil zwischen diesen immer noch, wie schon oben erwähnt, einzelne kleine Arterien von der Mundhöhle her in die Zunge treten, die nach Verschliessung der

---

*) Spontaner, rhythmischer Verengerungen und Erweiterungen wurde bereits früher gedacht.

Hauptarterien überdies sich rasch erweitern und stärker entwickeln; so hat denn die Ligatur der beidseitigen A. und V. linguales schliesslich keine andere Folge, als eine Stauung durch Behinderung des venösen Abflusses. Sicher erreicht man die totale Absperrung des Blutes nur durch Abbindung der ganzen Zunge. Ich verfuhr dabei so, dass ich immer zunächst ein Stückchen weiches Leder um die Wurzel der Zunge legte und auf jenem dann den Faden zuschnürte: so war die Gefahr des Einschneidens vermieden, und andererseits die Lösung der Ligatur durch einfache Durchschneidung des Fadens sehr erleichtert. Am weitaus bequemsten lassen sich auch diese Manipulationen in der Curarenarkose ausführen, doch habe ich auch viele Male die Ligatur dem munteren, nicht curaresirten Thiere um die Zungenwurzel geschlungen und erst später behufs der mikroskopischen Beobachtung es curaresirt; wie zu erwarten, waren die Ergebnisse immer die gleichen. Uebrigens war mir sehr wohl bewusst, dass durch die Massenligatur der Versuch von seiner Reinheit verlor, doch werde ich weiter unten den Beweis beibringen, dass der Effect der Massenligatur doch lediglich auf die Gefässe bezogen werden muss.

Der Einfluss der Totalligatur auf die Zunge und ihre Gewebe steht nun in geradem Verhältnisse zu ihrer Dauer. Die Circulation steht selbverständlich sofort still, und einzelne geringfügige Bewegungen, die noch durch sporadische Contractionen einzelner Arterien hervorgerufen werden, hören sehr bald auch völlig auf. Je nachdem nun gerade im Momente der Umschnürung die Zunge roth oder blass gewesen, sieht man die Gefässe reichlicher oder sparsamer gefüllt mit Blutkörperchen: dabei bleibt übrigens der Farbengegensatz zwischen Arterien- und Venenblut erhalten, auch nach mehrtägiger Ligatur, die Arterien sehen eher noch gelber aus, als bei normaler Strömung, die Venen bläulich-roth. Die Blutkörperchen selbst in den Gefässen anlangend, so habe ich in der abgebundenen Zunge die farblosen immer nur kuglig gesehen und niemals amöboide Bewegungen an ihnen beobachten können; die rothen behalten anhaltend ihren scharfen Contour, dagegen treten allmählich die Kerne deutlicher hervor und können bei etwa dreitägiger Absperrung ganz evident sich markiren. An der Gefässwand selber lässt sich auch nach einer Absperrung von vier, fünf Tagen, auch wenn die Zunge im Ganzen bereits matt und undurchsichtig zu werden beginnt, nicht die geringste morphologische Veränderung erkennen. Denn bei so langer Dauer verliert allmählich das Organ seinen ursprünglichen Glanz, es wird, wie gesagt, matt aussehen. Dann haben auch die Epithelien angefangen sich zu lockern, an denen vorher als einzige Aenderung ihres Verhaltens eine etwas schärfere Contourirung und eine körnigere Schattirung ihres Protoplasmas zu bemerken gewesen war. Die Flimmerung hält sich sehr lange in unveränderter Lebendigkeit, und erst am dritten, vierten Tage beginnt sie zu ermatten, um endlich ganz zu erlöschen. Bei Weitem früher reagiren die Muskelfasern; denn schon nach 24 Stunden nehmen viele von ihnen einen ganz eigenthümlichen, wachsigen Glanz an, der die Querstreifen verdeckt; und im Laufe des zweiten Tages beginnt nun in den Fasern ein sehr characteristisches Zerklüften und Zerreissen, sie zerfallen in der Länge nach hintereinander aufgereihte, wachsig glänzende Schollen, genau wie man das an isolirten lebenden Muskelfasern sieht, die man in Serum unter dem Mikroskop untersucht, und wie das von Zenker für die Typhusmuskeln beschrieben ist. Es bildet sich, wie ich ganz ausdrücklich hervorheben will, diese Zerklüftung und Zerreissung der Muskelfasern ganz unabhängig von etwaiger Zerrung des Präparats aus, sie ist lediglich und allein eine Folge der abgeschnittenen Blutzufuhr. Keinerlei morphologische Reaction bieten dagegen die Nervenfasern, und ebensowenig, wie ich wohl kaum besonders zu betonen brauche, die Bindegewebskörperchen der Zunge mit ihren seltsamen, an einem anderen Orte[*] beschriebenen Gestalten, von denen freilich Manches, wie ich nach der neuesten Boll'schen Arbeit[**] recht gern zugeben will, auf Rechnung der Zerrung und Dehnung in der ausgespannten Zunge geschrieben werden muss. Sehen wir jetzt zu, was geschieht, wenn die Massenligatur wieder gelöst wird! Hat dieselbe nur kürzere Zeit, mehrere Stunden oder selbst einen Tag und bei manchen Exemplaren noch länger ge-

---

[*] Virch. Arch. XLV., p. 343.
[**] Schultze's Archiv f. mikr. Anat. VII., p. 275 ff.

legen, so treten nach der Lösung nur ganz vorübergehende
Störungen unerheblicher Art ein. Denn sehr rasch und ohne alle
Schwierigkeit stellt sich der Kreislauf jetzt her, mit Lebhaftigkeit stürzt das Blut in die Arterien und durch die Capillaren
hindurch in die Venen, ohne dass irgendwo ein Widerstand sich
entgegenstellte. Und zwar geschieht die Herstellung der Circulation um so leichter, als — und das ist die einzige, ganz
constante Folge einer kurzdauernden Massenligatur — die Gefässe unmittelbar nach der Lähmung sämmtlich stark dilatirt sind: so erscheint denn die ganze Zunge scharlachroth,
alle Gefässe sind weit und ausgedehnt, und mit grösster Rapidität schiesst das Blut von den Arterien bis durch die Venen
hindurch, und Alles das ganz gleichgiltig, ob die Gefässe während der Dauer der Abschnürung gefüllt gewesen sind oder nicht.
Allmählig aber wird die Zunge blasser und blasser; zuerst verengern sich die Arterien, und indem nun weiterhin immer ge-
ringere Mengen von Blut und in immer langsamerem Tempo in
die Capillaren und Venen gelangen, ziehen auch die Venen sich
successive zusammen, und nach ein, zwei Stunden ist völlig
der normale Zustand einer ausgestreckten, sonst nicht behandelten Zunge erreicht, in dem hinfort Alles verbleibt. Irgendwelche anderweite Gewebsveränderungen waren ja in dieser
Zeit auch noch nicht zur Entwicklung gekommen.

Ganz anders aber, wenn die Ligatur erst nach etwa 48
Stunden gelöst wird. Auch hier geschieht allerdings die Herstellung des Kreislaufs gewöhnlich ohne alle Schwierigkeit, und
sollte nicht sogleich nach Lösung der Ligatur das Blut in die
Arterien hineinschiessen, so genügt gewöhnlich ein gelindes
Reiben und Auseinanderzerren an der Ligaturstelle, um den
Zugang zu eröffnen; auch Hindernisse, die sich inzwischen in
den grösseren Venen könnten ausgebildet haben, werden durch
dieses Manöver sicher beseitigt. Wie gesagt, die Restitution
des Kreislaufes erfolgt auch jetzt noch leicht und ohne Anstand.
Auch die allgemeine Erweiterung der Zungengefässe ist dieselbe,
wie sie vorhin geschildert, ja sie pflegt noch grösser zu sein,
selbstverständlich damit auch die anfängliche Stromgeschwindigkeit des in der Zunge kreisenden Blutes. Aber alsbald beginnt
jetzt die Differenz. Die Arterien fangen an, sich zu verengern

und langsamer strömt folgedessen das Blut durch sie hindurch, aber ihrem Beispiele folgen die Venen nicht, sie bleiben dilatirt. Dies aber zugleich mit der nothwendig daraus resultirenden erheblichen Verlangsamung des Venenstroms wird dann das Signal zur allgemeinen Randstellung der farblosen Körperchen in den Venen, und nicht lange braucht das aufmerksame Auge zu warten, so beginnt jetzt aus allen kleineren und mittleren Venen eine evidente und reichliche Emigration. Auch aus den Capillaren bleibt die Auswanderung der farblosen Zellen nicht aus. sowohl denen der glatten als denen der Papillarfläche, aber immer mischen sich hier zwischen die extravasirten farblosen auch rothe Blutkörperchen, die man per diapedesin die Capillarwand passiren sieht. Auf die Darstellung der Details des ganzen Processes darf ich an dieser Stelle wohl verzichten, da ich darüber nichts Anderes mitzutheilen habe. als was ich in der ersten Schilderung dieses Vorganges von Froschmesenterium beschrieben und was seitdem von Hering und vielen Anderen in derselben Weise gesehen und bestätigt worden ist. Es ist durch das uns gegenwärtig beschäftigende Factum nur eine neue Bedingung des Zustandekommens der Auswanderung aufgedeckt, eine Bedingung, die von den früher experimentell nachgewiesenen — Bloslegung des Mesenterium. flache Wunde der Zunge — sich hauptsächlich dadurch unterscheidet, dass in dem jetzigen Falle keinerlei Entblössung der Zungengefässe von ihren schützenden Decken, insbesondere nicht von dem Epithel, das ja um diese Zeit noch durchaus unversehrt erscheint, der Emigration vorangegangen ist. Unleugbar ist dies ausserdem der einfachste und bequemste Modus. den Hergang der Auswanderung zu Gesichte zu bekommen, und ich darf wohl annehmen, dass dies Verfahren auch der manuellen Dexterität eines Koloman Bologh*), eines Dönitz**), eines Feltz***) und der übrigen Autoren zugängig sein werde, welche früher schon dem Processe der Emigration ihre Aufmerksamkeit zugewandt haben, indess, wie es scheint, bislang an den technischen Maassnahmen gescheitert sind.

---

*) Virch. Arch. XLV. p. 19 ff.
**) Vossische Zeitung 1868, No. 166, Beilage 1 v. 18./7.
***) Robin's Journal de l'anat. et de le phys. 1870. No. 1, p. 33—76.

Die Intensität der Auswanderung nach Lösung einer etwa zweitägigen Massenligatur wechselt nun in den weitesten Grenzen. Bei einigen Exemplaren geht der ganze Process bald vorüber, ohne grössere Dimensionen angenommen zu haben, bei anderen wieder wird er ganz erstaunlich massenhaft; Körperchen auf Körperchen verlassen in ungemessener Zahl die Blutbahn, und bald häufen sich dichtgedrängte Mengen derselben im Gewebe der Zunge an. Das ist denn auch schon makroskopisch sehr evident an der enormen Schwellung zu erkennen, welche das Organ erfährt, und die in geradem Verhältniss zu der Stärke der Auswanderung steht. Die Schwellung ist bedingt durch gleichzeitiges Oedem, und ihr ist es hauptsächlich zuzuschreiben, wenn die Anfangs so lebhaft geröthete Zunge allmählich blassrosa wird. Selbstverständlich stechen darin dann um so deutlicher etwaige kleine rothe Ertravasate ab, von denen wir sehr bald mehr werden zu sprechen haben.

Was aber wird aus allen diesen farblosen Körperchen, die in so ungeheurer Menge aus Capillaren und besonders Venen austreten? Denn dass an den Arterien niemals auch nur eine leise Andeutung dieses Vorganges zur Beobachtung kommt*), dürfte nach Allem wohl überflüssig sein noch ausdrücklich zu betonen. Die sehr grosse Mehrzahl der ausgewanderten Zellen tritt in die Lymphgefässe über; wie Hering dies zuerst am Mesenterium gezeigt hat, so sieht man auch in der Zunge nach einiger Zeit breite strangartige Züge farbloser Körperchen in den Spalträumen, welche in den Lymphsack an der glatten Fläche der Zunge münden, und weiterhin in diesem selbst sich anhäufen. Währenddess kann die Emigration immer noch fortdauern, aber allmählich nach ein, zwei Tagen wird sie doch schwächer, und endlich hört sie ganz auf, so dass dann nur noch die Stränge und Anhäufungen der farblosen Blutkörperchen in den Lymphgefässen und Spalten auf die vorausgegangene Auswanderung hinweisen, indem inzwischen auch die Schwellung des Organs rückgängig geworden ist. Diese Restitution wird augenscheinlich befördert durch Rücklagerung der Zunge in die

---

*) In dieser Beziehung mag Herr Waldenburg sich nur definitiv aller Sorge entschlagen; vgl. W., die Tuberculose etc. Bl. 1869, pg. 416.

Mundhöhle, während die ausgespannte Lage auf dem Objectträger ihr hinderlich ist. Für die Ausbildung des Oedems und der Emigration an sich ist dies von so gut wie keinem Belang; löst man die Ligatur einer Zunge, die nie aus der Mundhöhle heraus gewesen ist, bei einem munteren nicht curaresirten Thiere, so tritt doch die intensivste Schwellung ein, in der Mundhöhle so gut, wie beim curasesirten Frosch während der Aufspannung, und die Schwellung kann so beträchtlich werden, dass die Zunge nicht Platz hat in der Mundhöhle und nach den Seiten zwischen den Kieferrändern hervorquillt. Aber die Abschwellung geschieht, wie gesagt, leichter in der natürlichen Situation innerhalb der Mundhöhle, und ich habe es wiederholt gesehen, dass in einer Zunge, die im Munde schon wieder ganz normale Dimensionen und Farbe angenommen hatte und an der Anfangs, unmittelbar nach der dann vorgenommenen Ausstreckung, die Contouren der Venen ganz glatt und rein erschienen, nach einiger Zeit die Emigration von Neuem begann. Uebrigens geht die Restitution in der Weise vor sich, dass während die Auswanderung successive schwächer und schwächer wird, zugleich die Venen an Weite einbüssen, bis schliesslich der normale Zustand der Zunge ganz oder annähernd hergestellt ist. Denn auch auf eine nur annähernde Restitution muss man gefasst sein, für einmal weil die etwa gleichzeitig ausgetretenen rothen Körperchen nicht wieder verschwinden — davon bald mehr —, dann aber, weil es nicht blos vorkommen kann, dass eine Quantität farbloser Körperchen sich an einer bestimmten Stelle festsetzen, nach Art eines „Abscesses", von wo sie dann nicht weichen, und als kleinerer oder grösserer gelblichweisser Punkt noch sehr lange kenntlich bleiben, sondern auch weil etliche Capillaren und Venen doch eine bleibende Beschädigung davongetragen haben; die Auswanderung hört zwar auf, aber die Energie des Blutstroms ist in diesen Gefässen nicht mehr die alte, und erstreckt sich dieser Zustand über grössere Strecken der Zunge, so passirt es wohl, dass später die Circulation in derselben überhaupt äusserst schwach wird, recht oft bei sonst ungeminderter Herzenergie. In einem Punkte aber ist die Restitution jederzeit eine unvollständige, d. i. in dem Habitus der Muskelfasern der Zunge; soweit diese während der Abschnürung verändert waren, und wir haben ja eben gesehen, dass binnen zwei Tagen diese Veränderungen regelmässig in bedeutendem Grade vor sich gehen, so bleiben sie hinfort, ohne auch durch die beste und lebhafteste Circulation wieder zur Norm zurückgeführt zu werden.

Wiederholt aber habe ich schon im Obigen der Diapedesis rother Blutkörperchen gedacht, welche gleichzeitig mit der Auswanderung der farblosen nach Lösung der Massenligatur sich einstellt. In der That tritt dieser Vorgang in geringfügigem Grade eigentlich jedesmal neben der Emigration ein: immer umgeben sich, während die Zunge schwillt, eine Anzahl Capillaren, besonders in den Papillarschlingen, mit ausgetretenen rothen Blutkörperchen, und zuweilen werden dabei deren so viele, dass sie schon als makroskopische punktförmige Extravasate hervortreten. Aber grössere Dimensionen nimmt dieser Vorgang doch erst an, wenn die Ligatur noch etwas länger gelegen, wobei ich freilich wieder an die individuellen Differenzen erinnern muss, die es mit sich bringen können, dass bei dem einen Frosch schon eine Ligatur von 40 Stunden Wirkungen nach sich zieht, die bei einem andern erst nach 60stündiger und längerer Absperrung der Blutzufuhr eintreten. Doch darf man im Allgemeinen getrost aussagen, dass eine Absperrung von 60 Stunden und mehr bei den allermeisten Fröschen reichliche Blutungen aus dem Capillargebiet zur Folge hat. Freilich vermisst man bei diesem Vorgang die Gleichmässigkeit und Gesetzmässigkeit, welche den früher beschriebenen, nach kürzerer Abschnürung, auszeichneten. Denn schon macht es sich in erster Linie vielfach geltend, dass nach Lösung der Ligatur der Kreislauf in seiner Integrität sich nicht wiederherstellt. Es vergeht oft geraume Zeit, ehe das Blut in die Arterie hineinstürzt, in die eine wohl früher, als in die andere; langsam und ganz successive nur werden davon die Capillaren durchströmt, und hier beginnen eben die ersten erheblichen Unregelmässigkeiten, indem in einer Anzahl von Capillaren der Kreislauf gar nicht sich restituirt, Capillaren, die theils einzeln zwischen andern durchströmten liegen bleiben, oder einem ganzen Bezirk, der von einer gemeinsamen Arterie gespeist wird, und aus dem eine oder einige Venen zusammen ihr Blut beziehen. Es geschieht das dann so, dass das Blut von den Arterien aus in die Capillaren vordringt, die auf diese Weise rasch ganz und prall gefüllt werden, so dass die Contouren der einzelnen Körperchen sich verwischen, jetzt aber alle weitere Bewegung aufzuhören scheint. Oder aber es geht der Strom lebendig und anscheinend ganz kräftig eine Zeit lang durch ein Capillargebiet durch, und nach einiger Zeit hört er doch auf, die Gefässe bleiben mit einer scheinbar ruhig stehenden Blutsäule gefüllt. Desgleichen wird der Venenstrom kein gleichmässiger. Das eine Mal vergeht geraume Zeit, ehe die Hauptvenen nach Lösung der Ligatur das Blut wieder durchlassen, ein anderes Mal geht das Anfangs sehr gut, nachher aber schwieriger, gleich als ob neue Widerstände sich einschalten; und eben dasselbe passirt in kleineren Venen; so mündet denn vielleicht eine stagnirende in ein hurtig fliessendes Gefäss, oder in einer ganzen Gruppe von Venen irgend eines Bezirkes steht das Blut still; aber auch dies Alles wechselnd, nach längerem Stillstand kann Bewegung mit Einem Male sich wieder einsetzen, und ebenso kann eine selbst rasche Bewegung langsamer und langsamer werden, um endlich zu erlöschen. Alles dabei ohne Unterschied, ob die Gefässe der Zunge während der Umschnürung gefüllt gewesen waren oder nicht.

So weit nun in den Venen ein lebhafter und gleichmässiger Strom andauert, fehlt, wie nach dem Früheren zu erwarten, auch die energische Auswanderung nicht. Aus den Capillaren aber geschieht überall eine Diapedesis rother Blutkörperchen, freilich in sehr verschiedener Intensität. Es zeigt sich nämlich diese Erscheinung mit ganz besonderer Stärke an den Haarröhren, in denen die Bewegung schwach ist oder selbst fehlt, die mit einer scheinbar stagnirenden Säule rother Körperchen gefüllt sind: diese umgeben sich bald ringsum, entlang ihren Rändern, mit mehr oder weniger zahlreichen rothen Körperchen, oder kleine oder grössere Extravathaufen bilden sich ganz allmählich um eine Stelle des Capillarrohres oder auf einer Seite desselben. Doch bemerke ich ganz ausdrücklich, dass solche Blutungen nicht gar selten auch aus Haarröhren geschehen, in denen der Blutstrom ganz munter fortgeht, und dass auch in der scheinbar stagnirenden nicht von absoluter Stase die Rede ist, das beweist ja ausreichend genug der Umstand, dass, wie vorhin erwähnt, auch solche Capillaren wieder in lebhafte Bewegung gerathen können, was denn auf den Fortgang der Blutung gewöhnlich nur einen begünstigenden Einfluss ausübt. Auch sei hierbei noch angeführt, dass auch aus den kleinsten, aber bereits ganz unzweifelhaften Venen rothe Blutkörperchen durch die Wand hindurch austreten.

Aber ganz besonders ungleichmässig wird dieser Vorgang dadurch, dass dabei doch mitten in der Zunge eine Anzahl Gefässe vorhanden zu sein pflegen, in denen alle Circulation definitiv erloschen ist. Lässt man die Ligatur noch längere Zeit liegen, vier, fünf Tage, und löst dann erst, so ist von einer Herstellung überhaupt keine Rede mehr; jetzt hat sich das Epithel in grossen Fetzen und Bruchstücken abgelöst, alle Flimmerung hat aufgehört, alle Muskeln sind vollkommen zerrissen und zerklüftet, und das ganze Organ sieht matt, weisslich, ganz undurchsichtig oder mit einem Stich in's Grünliche aus. Nun mag man so lange die Gefässe reiben und die Ligaturstelle zerren und dehnen, als man will, es fliesst hinfort kein Blut mehr in die Zunge hinein, und wenn selbst in die Anfänge der Arterien es noch einströmt, so hört doch schon in diesen, die sonst so lange ihre Function ungestört erhalten, sehr rasch alle Weiterbewegung auf, und das endliche Resultat ist, wie ich wohl nicht erst besonders hervorzuheben brauche, dass die Zunge einer Nekrose, gewöhnlich, wegen der geschützten Lage in der Mundhöhle, einer feuchten Gangrän verfällt. Was so an der Zunge in toto geschieht, das leitet sich eben schon früher an diesem oder jenem Gefässe, und in erster Linie an etlichen Capillaren ein, und so ist es nach Lösung einer Ligatur, die 60 Stunden und mehr gelegen, nichts Seltenes, dass, während ein Theil der Zunge schwillt und zugleich mit reichlichen Extravasaten sich durchsetzt, ein anderer Bezirk blass oder blassroth bleibt, ohne jede Circulation und desshalb auch ohne jede Emigration oder Diapedesis; und weiter kann es geschehen, dass solche, sagen wir kurzweg todte Capillaren vereinzelt mitten in einem Gefässbezirk liegen, der im Uebrigen das Bild bewegtesten Lebens gewährt. Und auch das wird nach dem Vorstehenden nicht Wunders nehmen, dass andere Male eben dies

Bild bewegtesten Lebens dem des definitiven Abgestorbenseins Platz macht. Wie übrigens die anderen Gewebstheile der Zunge in diesen Fällen sich verhalten werden, ergiebt sich aus dem Früheren von selbst: die Muskelfasern grösstentheils in scholliger Zerklüftung, die Flimmerung vielfach erloschen (auch dies, wie man bemerken wolle, nicht gleichmässig über die ganze Zunge), die Epithelien im Allgemeinen gelockert, hier und da selbst abgelöst, nur die Nervenfasern auch jetzt noch ohne morphologische Veränderung; und auch das brauche ich wohl kaum noch ausdrücklich zu bemerken, dass ich in diesen Fällen nach der Lösung der Ligatur erst recht niemals ein Rückgängigwerden von bereits zu Stande gekommenen Veränderungen gesehen habe.

Ich habe nun, wie natürlich, nicht unterlassen wollen, die an der Froschzunge gewonnenen Erfahrungen auch anderswo zu verificiren. Beim Frosch zunächst sind noch zwei Organe bequem dazu eingerichtet, zeitweilig abgeschnürt zu werden, die Lunge und der Darm: denn es hat selbstverständlich keinerlei Schwierigkeit, eine Lunge des Frosches, gleichviel ob curaresirt oder nicht, zu einer Seitenwunde des Rumpfes hervorzuholen und dann an der Wurzel sie total oder irgendwo sonst ein Stück von ihr auf Leder abzubinden und nach bestimmter Zeit den Ligaturfaden zu lösen, und ebenso leicht kann man das an einer Darmschlinge von beliebiger Länge ausführen, wobei natürlich ein Stück des Mesenteriums mit in die Ligatur gefasst wird. Bei diesen Versuchen stellte sich bald heraus, dass die beiden Organe eine so lange Absperrung der Circulation, wie die Zunge, nicht vertrugen; niemals stellte sich dieselbe im Darm oder Lunge wieder her, wenn die Abschnürung 36 Stunden oder mehr betragen hatte; bei so langer Dauer der Darmligatur pflegten sogar die Thiere selbst zu Grunde zu gehen. Andererseits ist es mir nicht geglückt, den Zeitpunkt zu erhaschen, wo eine Ligatur lange genug gelegen hatte, um Oedem mit Emigration, aber noch keine Blutung nach ihrer Lösung eintreten zu lassen. Denn liess ich die Absperrung durch 6, 8, 10 Stunden dauern, so hatte das in der Regel gar keine dauernde Folgen, und hatte sie 18—24 Stunden gelegen, so trat nach der Lösung regelmässig eine schwächere oder stärkere Hämorraghie per diapedesin ein, die sowohl an der Lunge als auch am Mesenterium ohne Mühe direct unter dem Mikroskope gesehen, als auch sonst an den makroskopischen und mikroskopischen Effecten sehr sicher constatirt werden konnte; denn die Einscheidungen mit Blutkörperchen, die an den Capillaren der Lunge und der Darmschleimhaut und Muscularis und Serosa sich in grösster Ausdehnung fanden, liessen einen Zweifel über das Geschehene nicht aufkommen.

Bei Weitem schlagender gestalteten sich aber die Versuche bei Säugethieren. Am häufigsten habe ich hier als Object das Kaninchenohr benutzt, das durch seine bequeme, der Beobachtung ohne Weiteres zugängliche Lage direct zum Versuche einlud. Will man vom Ohr des Kaninchens die Blutzufuhr total absperren, so ist die einzige Vorsichtsmaassregel, deren man sich bedienen muss, die, dass man nicht direct um die Ohrwurzel den Faden schlingt, sondern auf einem in das Ohr hineingeschobenen Korkstöpsel oder dgl. die Ligatur zuzieht; zu letzterer empfiehlt sich ein schmales leinenes Band besser, als ein einfacher Faden; das Ohr vorher zu rasiren, ist nicht räthlich.*) Hat man nun in dieser Weise dasselbe abgebunden, so steht selbstverständlich das Blut überall ganz still; das Ohr wird schlaff, kühl und nimmt, wenn viel Blut in den Gefässen war, allmählich ein bläuliches Aussehen an; von Schwellung oder Blutung kann natürlich, so lange das Schnürband liegt, keine Rede sein. Wie aber nach der Lösung der Ligatur das Ohr sich verhält, das hängt ganz von der Zeitdauer ab, während der dieselbe gelegen; freilich auch hier mit sehr beträchtlichen individuellen Schwankungen, nur dass im Allgemeinen, je jünger die Thiere, eine desto kürzere Zeit der Absperrung erforderlich ist, um die resp. Wirkungen hervorzubringen. Die Ligatur kann zwei, drei, aber selbst acht, und bei manchen Thieren zehn, zwölf Stunden gelegen haben: öffnet man sie jetzt, so kehrt meist ohne alle Schwierigkeit, jedenfalls wenn man die Haut an der Umschnürungsstelle ein Wenig ver-

---

*) Für diejenigen, die dieses Experiment etwa zu wiederholen gewillt sind, bemerke ich, dass es sich dringend empfiehlt, die Thiere mit abgebundenen Ohren von anderen Kaninchen abgesondert zu halten, weil sonst sehr gern die unempfindliche Ohrmuschel von letzteren angebissen und selbst partiell abgefressen wird.

schiebt und dehnt, das Blut in die Arterien und von diesen aus bis in die Venen wieder; Anfangs sind alle Gefässe weit und das Ohr erscheint feuerroth, allmählich verengern sich jene, und ohne dass irgend eine Spur von sonstiger Veränderung vor sich gegangen wäre, ist der normale Zustand zurückgekehrt; das Einzige, was vielleicht inzwischen entstanden, ist eine leichte ringförmige Schwellung, die genau auf den früheren Sitz des Schnürbandes sich beschränkt. Indessen genügt bei den bei Weitem meisten Thieren eine Unterbrechung der Blutzufuhr durch sechs, acht, vollends zwölf bis fünfzehn Stunden, um auffälligere Effecte zu erzielen, und niemals habe ich eine 24stündige Absperrung ohne solche ablaufen sehen. Die Herstellung der Circulation nach der Lösung gelingt gewöhnlich auch in diesen Fällen noch ziemlich leicht, rasch erfolgt dann auch die allgemeine Erweiterung, aber diese schwindet nicht so bald, sondern, wenn trotzdem das Ohr weniger roth aussehen wird, so kommt das davon, dass es anschwillt. Rascher oder langsamer erfolgt die Schwellung, die sehr verschiedene Dimensionen annehmen, zuweilen aber so stark werden kann, dass die Ohrmuschel fast Centimeterdicke erlangt und es in dem teigigt und ziemlich heiss sich anfühlenden Ohr unmöglich wird, die Contouren der einzelnen Gefässe zu unterscheiden; ehe die Schwellung so stark geworden, hatte es, wie ich beiläufig bemerken will, in der Regel keine Schwierigkeit, die rhythmischen Verengerungen und Erweiterungen in den Arterien des wieder befreiten Ohres zu constatiren. Auch die Dauer dieser Schwellung ist sehr wechselnd: die geringeren Grade pflegen bald zu schwinden, bei den stärkeren vergehen doch etliche Tage, ehe das Ohr wieder zur Norm zurückkehrt, und in den heftigsten Fällen habe ich darauf ein totales Abschuppen der Epidermis eintreten sehen, wonach erst sehr langsam die complette Restitution erfolgte. Aber dieses teigigte Oedem, bei dem, wie die mikroskopische Untersuchung von Schnitten aus dem frischen oder in Chromsäure gehärteten Ohr ergiebt, ungeheure Mengen von farblosen Blutkörpern das Zellgewebe der Ohrmuschel, sowohl nach innen als besonders nach aussen von dem Knorpel, erfüllen, ist noch nicht der höchste Grad der Veränderungen, welche der Lösung einer Ohrligatur folgen; sondern bei den meisten Thieren nach etwa 24stündiger, bei einigen auch schon viel früher, bei anderen auch erst nach bedeutend späterer Dauer der Absperrung, tritt mit der Lösung der Ligatur eine Hämorraghie ein. Während das Ohr schwillt, entstehen zugleich darin eine Anzahl blutigrother Punkte und Striche und Flecke, deren Menge allmählich zunimmt und die schliesslich vielfach confluiren, so dass in diesen extremsten Fällen ein dickgeschwollenes, fast gleichmässig schwarzrothes Ohr das endliche Resultat ist, eine hämorraghische Infarcirung in optima forma. Wenn es so weit gekommen, so sind die Ohren auch fast regelmässig verloren; sie pflegen bald einzutrocknen, zu mumificiren und werden schliesslich mittelst einer demarkirenden Eiterung, die dicht unter der Stelle des Schnürstreifens sich ausbildet, total abgestossen. Denn die Hämorraghie ist eben das Zeichen dafür, dass die Gefässe dem Absterben ziemlich nahe gewesen; hätte vielleicht noch kurze Zeit die Ligatur gelegen, so würde eine Herstellung der Blutbewegung überhaupt nicht mehr eingetreten sein, das selbstverständliche Ergebniss jeder längeren Absperrung des circulirenden Blutes von einem Theil des Organismus, mithin auch vom Ohr. In der That ist es etwas ganz Gewöhnliches, dass in einem solchen Ohr mit Blutungen auch Bezirke vorhanden sind, die gar nicht schwellen und bluten, die vielmehr kalt und blau bleiben, und direct eintrocknen und verschrumpfen; ganz besonders leicht sieht man das bei der Spitze des Ohrs, die freilich auch der dünnste und damit dem Vertrocknen am leichtesten ausgesetzte Theil ist.

Dieselbe typische Reihenfolge in der Wirkung einer zeitweiligen Absperrung der Blutzufuhr, je nach der Dauer derselben, stellt sich nun auch, so gut wie beim Kaninchenohr, bei dem der Meerschweinchen und Hunde ein, wenn man genau so verfährt wie dort; ja die Meerschweinchen eignen sich, trotz der Kürze ihrer Ohrmuscheln, doch wegen der Sicherheit und verhältnissmässig grossen Geschwindigkeit der Wirkung, besonders gut zur Demonstration des Versuchs. Ein anderes durch seine anatomische Einrichtung dafür gut verwerthbares Organ ist der Hoden. Das Bequemste ist hier, beim Kaninchen denselben im Scrotum, mitsammt letzterem, ohne Weiteres mittelst eines schmalen, festgezogenen Bandes abzuschnüren, und auch beim

Meerschweinchen gelingt das leicht, wenn man zuvor durch ein paar zur Seite des Penis, der Längsrichtung des letztern parallel geführte Hautschnitte die Scrota nach der Seite zu beweglich gemacht hat. Doch kann man hier auch statt der Massenligatur eine Unterbindung der Gefässe des Saamenstrangs, mit Ausschaltung des Vas deferens und der vom blossen Auge erkennbaren Nerven ausführen, bei der es sich freilich behufs Verhinderung jedes Collateralkreislaufs empfiehlt, zugleich subcutan den dünnen Muskel zu durchtrennen, der die untere Spitze des Hodens mit der Scrotalhaut verbindet. Mag man das eine oder das andere Verfahren wählen, so wolle man darauf achten, die Ligatur nicht zu lange liegen zu lassen; einstündige Absperrung ist zwar meist ohne alle Folgen, nach einer zweistündigen stellt sich aber schon fast regelmässig ödematöse Schwellung ein, und eine vier- oder sechsstündige oder noch längere Abschnürung zieht schon ziemlich sicher eine hämorrhagische Infarcirung nach sich. Bei Ligatur der Saamengefässe trifft das Alles den Hoden mit seinen eigentlichen Häuten allein, kann übrigens solchen Grad erreichen, dass der Testikel auf das doppelte des normalen Umfanges, z. B. des der anderen Seite, wenn die Ligatur einseitig ausgeführt worden, anschwillt und durch und durch, in den Häuten wie im Parenchym blutig infiltrirt ist; war dagegen eine Massenligatur, die das Scrotum mitumfasste, gemacht worden, so wird auch die Scrotalhaut selbst ödematös und wenn die Ligatur sehr lange gelegen, auch hämorrhaghisch infiltrirt. Gerade dies giebt auch sehr demonstrative Erscheinungen. So lange das Schnürband festgezogen sitzt, ist der Scrotalsack mit dem darin befindlichen Testikel runzlich, schlaff, bläulich, wennschon wegen der gut geschützten Lage nicht auffällig kühl; jetzt wird die Ligatur gelöst, und sehr bald verwandelt sich die bläuliche Färbung in eine hellrosige, und rasch beginnt jetzt eine intensive Schwellung; der ganze Umfang des Scrotums wird zwei-, ja dreimal so gross, als der der anderen Seite, es fühlt sich teigigt an, und schneidet man es ein, so fliesst aus dem Scrotalgewebe eine Menge lymphatische, an farblosen Blutkörperchen überreiche Flüssigkeit; der dann blosgelegte Hoden aber ist nicht blos einfach durch Oedem geschwollen, sondern gewöhnlich auch blutig infarcirt. Denn was beim Testikel schon

Hämorraghie erzeugt, bewirkt bei der Haut und im Unterhautgewebe erst Oedem (d. h. zugleich mit zelliger Infiltration), und wenn in der Scrotalhaut nach der Lösung einer Massenligatur stärkere Hämorraghien auftreten, so kann man ziemlich sicher sein, dass im Hoden selbst die Circulation sich gar nicht wieder hergestellt hat, derselbe vielmehr direct abgestorben ist. Dazu genügt hier in vielen Fällen schon ein Zeitraum von 12, jedenfalls einer von 16, 18 Stunden. Mit der Abbindung des Scrotums ohne Testikel, verhält es sich, wie begreiflich, ganz der obigen Schilderung conform.

Am Darm der Säugethiere habe ich dagegen, ganz wie beim Frosch, ein Zwischenstadium einfachen zelligen Oedems nicht erzielt, sondern wenn überhaupt Etwas, sogleich hämorraghische Infarcirung oder weiterhin Nekrose; am besten gelingen auch diese Versuche beim Meerschweinchen. Doch ist Eile hier noch mehr angezeigt, als bei den Hodenversuchen. Die schönsten hämorraghischen Infarcirungen erhielt ich bei Meerschweinchen, deren eine Dünndarmschlinge nebst Mesenterialstück $2-2\frac{1}{2}$ Stunden auf Leder ligirt gewesen war. Unmittelbar vor der Lösung der Ligatur sah die Darmschlinge blassbläulich und gerunzelt aus; wurden dann die Thiere ein paar Stunden später getödtet, so fiel dieselbe Darmschlinge sogleich nach Eröffnung der Bauchhöhle durch ihre pralle Füllung, und ihre gleichmässig schwarzrothe Färbung auf, während in dem Stück des Mesenterium alle Gefässe von Extravasatscheiden eingeschlossen waren. Bei anderen Exemplaren aber genügte auch eben dieselbe Zeit schon, eine totale Nekrose der Darmschlinge, natürlich mit consecutiver allgemeiner Peritonitis, nach der Lösung der Ligatur herbeizuführen, die nach einer Abbindung von 4—6 Stunden nie ausblieb.

Aehnlich verhält es sich mit der Niere. Wenn man, was in der Seitenlage des Thieres ausserordentlich leicht ausführbar ist, einem Kaninchen Arterie und Vene der (am besten, linken) Niere auf Leder fest ligirt, und nach $1\frac{1}{2}$ bis höchstens 2 Stunden den Ligaturfäden durchschneidet, so schwillt das bis dahin blassgrau-violette schlaffe Organ in wenigen Stunden stark an und infiltrirt sich zugleich mit Blut. Ich habe die Niere mehr als doppelt so gross als die der anderen Seite werden sehen, und sowohl an der Oberfläche, wie überall im Innern schwarzroth gefärbt; bei der mikroskopischen Untersuchung fand ich dann sämmtliche Capillaren und anderen Gefässe von Rinde und Mark strotzend mit Blut gefüllt, zugleich massenhaft Blutkörperchen in dem Interstitialgewebe und im Lumen der Harnkanälchen, vornehmlich der gestreckten. Auch der Harn war blutig, und in den Fällen, wo die Blase normal gefärbten Urin enthielt, fand sich dann ein verstopfendes Blutgerinnsel im Ureter der operirten Niere. Aber eine nur wenig längere Unterbrechung der Blutzufuhr führt auch bei der Niere zur Nekrose: das Organ bleibt dann welk, schmutziggrau und verwandelt sich allmählich in einen graugelben fahlen Brei, wobei die Kaninchen übrigens immer zu Grunde gehen; und es konnte darnach auch nicht auffallen, dass bei einigen derartigen Versuchen das Resultat war, dass ein Theil der Niere nekrotisirt, ein anderer dagegen hämorrhagisch infarcirt war.

Wenn wir uns jetzt darüber Rechenschaft zu geben suchen, wie diese in ihrem Verlaufe und ihrer Reihenfolge im Allgemeinen so constanten Vorgänge zu erklären und zu deuten sind, so habe ich zunächst mich darüber zu rechtfertigen, dass ich im Vorhergehenden wiederholt die Bezeichnungen der Massenligatur und Absperrung der Blutzufuhr miteinander identificirt und sie promiscue gebraucht habe. Schon früher habe ich selbst betont, dass in Wirklichkeit die Massenabschnürung doch ein anderer, stärkerer Eingriff ist, als die Absperrung der Circulation allein, habe jedoch zugleich darauf verwiesen, dass ich die Beweise dafür beibringen würde, wonach das Wirksame in den uns beschäftigenden Versuchen doch lediglich der Abschluss der Blutgefässe sei. Dieser Gedanke muss sich, wie mir scheint, bei genauerer Ueberlegung fast unabweislich aufdrängen, sobald man sich nur dessen erinnert, dass wir hier einen Eingriff vor uns haben, der lediglich erst durch seine anhaltende Dauer wirksam wird, und zwar in einer proportional seiner Dauer steigenden Weise; werden doch z. B. die Nerven dadurch ohne Weiteres von der Discussion ausgeschlossen! Aber ein einfacher Versuch beweist besser, als jede theoretische Discussion, die Richtigkeit jener Annahme. Wenn man nämlich die ganze Zunge des Frosches unterbindet, nach vorheriger Ausschaltung beider A. und

V. linguales, die man völlig von allem anhaftenden Gewebe isolirt hat, so kann die Ligatur drei, vier Tage und noch länger liegen, und löst man sie hernach, so verändert sich die Zunge ebensowenig, als es bis dahin geschehen, wofern nur, was eigentlich immer der Fall ist, die Circulation dabei gut und gleichmässig fortgegangen. Genau dasselbe Experiment kann man am Ohr des Kaninchens anstellen. Es treten nämlich, wie bekannt, in dasselbe eine Anzahl von Arterien ein, grösstentheils aus der A. auricularis posterior entspringend, und mehrere Venen führen das Blut vom Ohr weg; es sind ihrer, nebenbei gesagt, so viele, dass es niemals gelingt, durch Unterbindung der, selbst mit Zuhilfenahme einer Lupe erkennbaren einzelnen Arterien die Blutzufuhr zum Ohr abzuschneiden, oder durch Verschluss der sichtbaren einzelnen Venen den Abfluss vollkommen zu sperren. Von allen diesen Arterien ist aber die in der Mitte des Ohres verlaufende, die man kurzweg als A. auricularis mediana bezeichnen kann, so über die übrigen dominirend, dass sie allein das Blut für die Gesammtcirculation des Ohres liefern kann, und die sie in der Nähe der Ohrwurzel unmittelbar begleitende Vene sammelt auch die Hauptmasse des Blutes aus den Gefässen der Muschel. Nichts ist nun leichter, als das Ohr abzubinden unter Ausschaltung der gut isolirten A. und V. mediana, die eben nur auf die Länge von etwa 1.5 Ctm. los präparirt sein müssen; doch wolle man bei diesem Verfahren dafür Sorge tragen, dass die beiden Gefässe nach aussen von einem 0.5 Ctm. breiten Hautlappen gedeckt werden*), um jeder Gerinnung des Blutes in ihnen durch den Einfluss der äusseren Luft oder sonstiger Schädlichkeiten vorzubeugen. Unter diesen Umständen kann nun die Ligatur 24, 48 Stunden und mehr liegen, so lange selbst, bis das Gewebe des Ohres unter dem Bande zu einer pergamentartigen Schicht getrocknet ist, niemals wird ihre Lösung für die Ohrmuschel irgend welche Folgen haben; es kann höchstens die Schnürstelle selbst hernach ein Wenig schwellen, aber nichts mehr. Nehmen wir zu diesen Versuchsergebnissen die positiven Experimente der directen und so gut wie isolirten

*) Zu vollster Sicherheit des Experimentes kann die schmale Hautbrücke ja an ihrem oberen Ende abgeschnitten und nur mit Nähten an die übrige Ohrmuschelhaut befestigt werden.

Unterbindung der Saamenstrang- und der Nierengefässe, die ich vorhin geschildert habe, so wird fernerhin meines Erachtens ein Zweifel nicht mehr statthaft sein, dass, bei der Massenligatur lediglich die Absperrung der Circulation das Wirksame ist, mithin alle jene Versuchsresultate unmittelbar in diesem Sinne verwerthet werden müssen.

Die detaillirte Schilderung aber, welche ich im Obigen von dem Ablauf der in Rede stehenden Vorgänge an der Froschzunge zu entwerfen versucht habe, ist nun ohne Weiteres geeignet, einige Erwägungen zu beseitigen, welche ohnedies bei einem oder dem anderen Leser wohl hätten Platz greifen können. So will ich z. B. nicht leugnen, dass, als ich das erste Mal das Oedem des Kaninchenohrs nach Lösung einer zehnstündigen Massenligatur sah, ich sehr lebhaft daran dachte, ob das nicht ganz einfach auf eine Thrombose in den Venen unmittelbar unter dem Schnürstreif zurückzuführen wäre, und obwohl ich damals bereits den Vorgang der Dinge an der Froschzunge kannte, habe ich es doch nicht unterlassen mögen, mich direct von dem Grund oder Ungrund dieser Vermuthung zu überzeugen. Zu dem Ende unterband ich, nach Lösung einer 12stündigen Massenligatur, die V. mediana in der Höhe des Schnürstreifens, schnitt sie dicht oberhalb der Ligatur an und band nun eine möglichst weite kurze Kanüle in das obere Ende; das Blut tropfte hinfort lebhaft und ohne Unterbrechung aus der Kanüle, während zur selben Zeit das Ohr in eine sehr beträchtliche, rosige Schwellung gerieth: Beweis genug, dass das Oedem des Kaninchenohrs nach Lösung einer Massenumschnürung ebensowenig etwas mit Thrombose und Venenstauung zu thun hat, als derselbe Vorgang in der Froschzunge, den wir direct mikroskopisch unter unseren Augen ablaufen sahen.

Ebenso ist im Vorigen auch schon der Verdacht beseitigt, der sonst auch nicht gerade fern lag, dass es nämlich Veränderungen, resp. Zersetzungen des in dem abgeschlossenen Gefässgebiet stagnirenden Blutes seien, welche einen reizenden und zerstörenden, jedenfalls schädlichen Einfluss auf die Gefässe selbst ausüben. Denn abgesehen davon, dass es an sich keineswegs erwiesen und sogar recht unwahrscheinlich ist, dass Blut, welches innerhalb der Gefässe stagnirt, überhaupt Veränderungen von solcher Erheblichkeit erleidet, so habe ich doch ausdrücklich bei verschiedenen Momenten der obigen Schilderung hervorgehoben, dass es für den Ablauf der Vorgänge gleichgiltig sei, ob während der Dauer der Abschnürung viel Blut in den abgebundenen Gefässen gewesen oder wenig. Immerhin hat sich auf diese Weise nicht absolut jene Möglichkeit widerlegen lassen, da natürlich geringfügige Mengen von Blut auch in den Fällen von makroskopisch grösster Blässe in den Gefässen vorhanden sind. Doch lässt sich das durch einen expressen, sehr leichten Versuch ergänzen. Man legt nämlich an einem Kaninchenohr A. und V. mediana blos. ligirt mit Ausschaltung derselben das Ohr in gewöhnlicher Weise auf einem Pfropfen, und spritzt jetzt in die eröffnete Arterie peripherisch eine $\frac{3}{4}$procentige Kochsalzlösung so lange, bis aus der gleichfalls eröffneten Vene eine reine Kochsalzlösung wieder ausfliesst: die Ohrmuschel ist dann vollkommen blass geworden, dabei, sofern man nur gelinden Druck angewandt hat, nicht ödematös. Alsdann bindet man auch die A. und V. mediana zu. Löst man nun nach 10, 12 Stunden die Totalligatur, so stellt sich die Circulation in der Ohrmuschel mit grösster Rapidität her und sehr bald entwickelt sich eine beträchtliche rosige oder selbst hämorraghisch gefleckte Schwellung, obwohl also kein einziger Tropfen Blut in den Gefässen des Ohres während der Abschnürung geblieben war.

Soll ich jetzt aber positiv aussagen, welches eigentlich das wirksame Moment in der ganzen Reihe dieser Vorgänge ist, so gerathe ich in eine nicht geringe Verlegenheit. Das Einzige, was nach Allem mit Sicherheit scheint aufgestellt werden zu können, ist, dass durch eine Unterbrechung des Kreislaufs in einem Gefässbezirk Bedingungen gesetzt werden, welche weiterhin Störungen der Circulation in eben diesen Gefässen herbeiführen, die mit der Dauer der Unterbrechung wachsen von einfachen, vorübergehenden Erweiterungen der Gefässe, durch Oedem mit Auswanderung farbloser und Diapedesis rother, bis zu vollständiger definitiver Stockung der Blutbewegung und Absterben der Gefässe. Welcher Art aber diese Bedingungen sind, deren Effecte uns so auffällig entgegentreten, dafür sind wir, soviel ich sehe, lediglich noch auf Hypothesen angewiesen. Doch scheint es mir unbedenklich, den Sitz dieser Bedingungen in den Gefässen selbst suchen zu sollen: Alles was ausserhalb der Gefässe bei diesen Vorgängen geschieht, macht doch viel zu sehr den Eindruck secundärer Störungen, als dass man sich versucht fühlen könnte, darauf zu recurriren. Eines aber können wir auch sogleich in Betreff der Gefässe ausschliessen, d. i. nämlich morphologische Structurveränderungen, die sich etwa in den Gefässwandungen in Folge der Circulationsunterbrechung ausgebildet haben könnten. Denn wie ich im Vorhergehenden bereits bei mehreren Gelegenheiten bemerkt habe und wie ich an dieser Stelle nachdrücklichst hervorhebe, niemals lässt sich auch mittelst der besten und stärksten Vergrösserungen in der feineren histologischen Structur der Gefässe des abgebundenen Theils die geringste Veränderung nachweisen, mag die Abschnürung wenige oder beim Kaninchenohr 24—30 Stunden, oder bei der Froschzunge selbst 3, 4 Tage gedauert haben, und mag einfache Erweiterung, oder Emigration, oder Blutung, oder selbst bleibende Stockung nach der Aufhebung der Ligatur eingetreten sein. Nicht so einfach liegen die Verhältnisse in Betreff etwaiger Läsionen der Gefässnerven. Freilich, dass es sich bei diesen Vorgängen etwa um Verletzungen oder Beschädigungen solcher vasomotorischen Nerven handelte, die von irgend einer Stelle des Centralapparates ihren Ursprung nehmen, daran wird Angesichts des Umstandes, dass eine kurzdauernde, wennschon totale Ligatur ohne alle und jede Folgen bleibt, nicht wohl Jemand denken wollen: ob aber nicht nervöse Apparate hier in's Spiel kommen, die eine in gewissem Sinne selbstständige Existenz in der Wandung der Gefässe selbst führen, das möchte mit Sicherheit kaum von der Hand zu weisen sein. Man würde da allerdings in erster Linie an gangliöse Einrichtungen denken, deren Anwesenheit aber in den kleineren Arterien und Venen noch keineswegs sichergestellt ist, die vielmehr, wie vielfache eigene Untersuchungen mich überzeugt haben, zum Mindesten sehr sparsam, wenn überhaupt in allen Gefässgebieten vorkommen. Dazu kommt noch, dass in der Wandung der Capillaren noch von keinem einzigen Histologen Nerven nachgewiesen worden sind, während doch gerade auch an ihnen die Störungen nach Circulationsunterbrechung so augenfällig hervortreten. Hier bliebe mithin nichts übrig — da ja nervöse Wirkungen ohne Contiguität unseren physiologischen Anschauungen direct widersprechen — als auf Veränderungen im Blutdruck oder dgl. zu recurriren, die von den grösseren, Nerven führenden Gefässen aus auf den Capillarstrom influenzirt würden. An dieser Stelle aber möchte ich ganz ausdrücklich darauf hinweisen, dass, soviel ich sehe, alle derartigen physikalischen Erklärungsversuche für die uns beschäftigenden Vorgänge nicht ausreichen. Nachdem mir inzwischen theils durch die Arbeiten Anderer, unter denen ich besonders Schklarewsky*) nenne, theils durch eigene fortgesetzte Beschäftigung mit dem Gegenstande, einleuchtend geworden ist, dass die Anfangs von mir gegebene Erklärung der doch unvergleichlich viel regelmässiger ablaufenden und darum anscheinend einfacheren Extravasationsvorgänge bei der Entzündung doch mancherlei Lücken und Unbewiesenes enthält, so nehme ich von vorn herein unbedingt Abstand, die uns gegenwärtig beschäftigenden Erscheinungen lediglich auf Erweiterung der Gefässbahn, Aenderungen der Stromgeschwindigkeit und des Druckes, amöboide Bewegungen der Blutkörperchen oder die Anwesenheit von Stomata zurückführen zu wollen, weil die Mangelhaftigkeit aller darauf basirten Begründungen nur zu sehr schon bei der oberflächlichen Ueberlegung sich aufdrängen muss. Es bleibt eben, wie mir scheint, Nichts weiter übrig, als die im Grunde freilich nur umschreibende Auffassung, dass gleichwie Muskeln und nervöse Apparate, welche ihrer Blutzufuhr beraubt werden, ihre Erregbarkeit einbüssen, functionsunfähig werden und schliesslich absterben, so auch die Blutgefässe durch die Aufhebung ihrer Circulation in ihrer, allgemein gesagt, Integrität beeinträchtigt und gestört worden. Ein erstes Zeichen dieser Störung ist die allgemeine Erweiterung der Gefässe, welche ja ganz unzweifelhaft in einer Lähmung der Ringmuskulatur ihren Grund hat, und die, wie so viele motorische Lähmungen, vorübergehen, aber auch bleibend werden kann. Aber auf diese Erweiterungen beschränkt sich die Störung nur in den schwächeren Fällen; weiterhin kommt es zu viel wichtigeren und erheblicheren Veränderungen der Circulation, bis zum vollständigen

---

*) Pflüger's Archiv I. p. 603 ff. und 657 ff.

Erlöschen derselben. Und zwar trifft das Alles zuerst die Venen, demnächst die Capillaren, die mithin, wie sich hieraus ergiebt, viel empfindlicher reagiren auf die in Rede stehenden Einwirkungen, als die Arterien; denn dass diese sich ausserordentlich viel resistenter verhalten, das ergiebt sich auch aus dem oben gelegentlich erwähnten Umstande, dass noch in Fällen, wo nach der Lösung der Massenligatur ein intensives Oedem mit Emigration sich ausbildet, doch an den, wenn schon allgemein erweiterten Arterien die rhythmischen Verengerungen mit Evidenz zur Beobachtung kommen. Es bedarf eben einer ganz unverhältnissmässig langen Circulationsunterbrechung, ehe auch die Arterien functionsunfähig werden und die Herstellung der Blutbewegung nicht mehr gestatten; ein anderweites Zwischenstadium, wie es bei den Venen und Capillaren die Emigration und Diapedesis darstellt, giebt es bei den Arterien überhaupt nicht. Insbesondere aber verträgt sich sehr wohl mit dieser Auffassung, dass alle diese Störungen des Kreislaufes — die Erweiterung, die Emigration und selbst die Diapedesis — vollständig vorübergehen können, um ganz den normalen Verhältnissen Platz zu machen. Denn wenn die Unterbrechung der Blutzufuhr die Bedingungen für das Zustandekommen jener Störungen setzt, wenn durch sie die Integrität der Gefässe beeinträchtigt wird, so liegt darin implicite zugleich, dass mit der Herstellung des normalen Kreislaufs auch die Restitution der versehrten Gefässwand erfolgen muss. Wenigstens dann, wenn die Schädigung ihrer Integrität noch nicht zu tiefgehend gewesen. Unter diese letztere Kategorie aber gehören die Fälle, wo eben nach der Lösung der Ligatur die Circulation sich garnicht wieder herstellt, oder aber die in dieser Richtung genommenen Anläufe einen frucht- und für die Dauer erfolglosen Verlauf nehmen.

Wenn aber ferner diese Deutung richtig ist, wonach also diejenigen Gefässe, die keine eigenen Vasa vasorum besitzen, auf den regelmässigen Fortgang der in ihnen vor sich gehenden Blutcirculation angewiesen sind, um selbst in normaler Weise leben und functioniren zu können, so müssen auch andersartige Störungen der Circulation, als die vollständige Unterbrechung, eine gewisse Wirkung auf Leben und Action der Blutgefässe ausüben. Von solchen Störungen habe ich eine noch experi-

mentell geprüft, nämlich das Verhalten der Blutgefässe in einem
Bezirk nach Absperrung des venösen Abflusses, also nach
venöser Stauung. Was in dem betreffenden Gefässgebiet
vor sich geht, während der venöse Abfluss gehemmt ist, das
habe ich früher, in der bereits oben citirten Abhandlung, beschrieben, und ich habe seitdem Gelegenheit genommen, diesen
selben Verlauf auch an der Froschzunge, deren abführende
Venen unterbunden waren*), zu verificiren. Auch hier ist die
unmittelbare Folge des Venenabschlusses die Anstauung des
Blutes in den Venen selbst und den Capillaren, bis zum Verschwinden der Contouren der rothen Blutkörperchen in letzteren,
alsdann die Bewegung des Va-et-vient, und nach einiger Zeit,
die nur hier wegen der grösseren Nachgiebigkeit des Gewebes
der Froschzunge im Vergleich mit den Mb. natans, und der
desshalb mehr erleichterten Transsudation und auch passiven
Dilatation der Capillaren selbst, sowie wegen der Existenz der
Eingangs dieser Abhandlung erwähnten varicösen Ausbuchtungen
der Capillaren, die hier, sage ich, länger währt, als in der
Schwimmhaut, tritt eine reichliche Diapedesis aus den Capillaren
und kleinsten Venen ein. Zwei, drei, zuweilen auch erst sechs,
acht Stunden nach der Venenunterbindung pflegen eine grosse
Menge punktförmiger Extravasate in der Zunge schon dem
blossen Auge sichtbar zu sein, und mikroskopisch findet man
ausserdem alle Capillaren von extravasirten Blutkörperchen förm-
lich eingescheidet. Doch nicht dies nimmt gegenwärtig unser
Interesse in Anspruch, sondern wir wollen wissen, wie sich die
Circulation verhält nach Lösung der Venensperre. In Betreff
dieses Punktes habe ich in der früheren Abhandlung**) ange-
geben, dass, mag die Ligatur der Schenkelvene nur kurze Zeit,
oder auch 8, 10 Stunden und selbst noch mehr gelegen haben,
immer sehr rasch sich wieder die normalen, ursprünglichen Verhältnisse herstellen. Für die Schwimmhaut trifft das in der
That vollkommen zu, nicht aber für die Zunge. Denn nur wenn
die Unterbrechung des Venenabflusses in diesem Organ eine

---

*) Bei einzelnen Exemplaren müssen zu dem Ende, wie ich beiläufig be-
merken will, ausser den seitlichen Hauptvenen noch eine oder mehrere grössere
Zwischenvenen ligirt werden.

**) Virch. Arch. XLI., p. 228.

Zeit von 6, 8 Stunden oder ein wenig mehr nicht überdauert hat, so ist die Restitution des Kreislaufes eine vollständige; hat sie aber länger, etwa 16, 18 Stunden gewährt, so hat zunächst die Herstellung der Circulation auch keine Schwierigkeit, aber die Anschwellung und blutige Infiltration der Zunge nimmt nicht blos nicht ab, sondern sichtlich und ganz unleugbar zunächst noch zu. Die mikroskopische Musterung giebt auch sogleich die Erklärung für dieses anscheinend paradoxe Verhalten. Denn bei sorgfältiger Fixirung einer bestimmten, ganz beliebigen Capillare überzeugt man sich sehr bald, dass die Menge der bereits während der Venensperre extravasirten rothen Blutkörperchen durch immer neuen Nachschub aus der jetzt regelmässig durchströmten Capillare noch wächst, und sehr viel leichter ist es noch, an den Venen kleineren und mittleren Kalibers jetzt die Emigration nachzuweisen, da hier Täuschungen durch etwa vorher hinausgedrängte farblose Körperchen nicht möglich sind. Sehr lange freilich pflegt diese Diapedesis und Emigration nicht anzuhalten; denn entweder ist nach aufgehobener Venensperre die Restitution des Kreislaufs wirklich eine gute, vollständige und bleibende, dann hört allmählich auch die Extravasation der Blutkörperchen auf; oder aber, was ich recht oft hierbei gesehen habe, der anfänglich nach Lösung der Venenligatur ganz hurtige und energische Blutstrom wird allmählich schwächer und schwächer, um schliesslich ganz zu erlöschen; dann hat es aber natürlich auch mit Emigration und Diapedesis ein Ende. Dass übrigens diese Hemmung des venösen Abflusses an sich ein schwerer Eingriff ist, schwerer als selbst die vollständige Absperrung der Blutzufuhr, und schwerer jedenfalls, als ich früher mir es vorgestellt hatte, das lehrt auch die Thatsache, dass oft schon nach einer 24stündigen Venensperre eine Herstellung der Circulation in der Zunge nicht geschieht, wenngleich einerseits Gerinnungen in den grösseren Venenstämmen sicher nicht eingetreten sind, und andererseits in den Arterien die pulsirende Bewegung ununterbrochen angedauert hat. Darum kann es auch nicht befremden, dass bei der Venensperre schon ein kürzerer Zeitraum genügt, nach der Lösung diejenigen Störungen des Kreislaufs — Emigration und Diapedesis — herbeizuführen, welche erst nach viel längerer Dauer der totalen Unterbrechung der Blutzufuhr eintreten. Wie viel dabei auf rein mechanische Verhältnisse zu schieben, wie viel etwa specifisch delatären Einflüssen stagnirenden venösen Blutes zuzuschreiben, darüber wird der Leser mir gewiss gern gestatten jede Meinung zurückzuhalten. Wie auch immer, so scheint mir doch das durch das zuletzt Vorgebrachte bewiesen, dass auch diejenige Aenderung der normalen Circulation, welche durch eine Hemmung des Venenabflusses entsteht, Störungen im Leben und in der Function der Blutgefässe zur Folge hat, ganz analog denen nach totaler Unterbrechung der Blutzufuhr.

III. Folgerungen für die Pathologie der Infarcte.

Ich habe die weitere Verfolgung der im vorigen Abschnitt behandelten Vorgänge abgebrochen, und widerstehe insbesondere der Lockung, den unverkennbaren Beziehungen nachzugehen, welche zwischen ihnen und den entzündlichen Processen bestehen.*) weil der Zweck, welchen wir bei dieser ganzen Untersuchung in's Auge gefasst hatten, meines Erachtens schon jetzt erreicht ist. Denn wir waren davon ausgegangen, eruiren zu wollen, wie sich die Gefässe eines Bezirkes verhalten, in dem durch Embolie der zuführenden Endarterie die Circulation aufgehoben ist, und der Leser mag noch so wenig geneigt sein, sich mir in allen Details der obigen Darstellung und insbesondere in der aufgestellten Erklärung anzuschliessen, so wird er doch das nicht bestreiten können, dass im Obigen der Beweis geführt ist, dass durch eine längere Unterbrechung der normalen Circulation die Gefässe solche Aenderungen ihrer Integrität erleiden, dass hinfort der Strom der Blutkörperchen nicht mehr in regelmässiger Weise innerhalb ihrer Wandungen bleibt, sondern in stärkerem oder schwächerem Grade zugleich extravasirt.

*) So will ich beispielsweise nur daran erinnern, wie die Häufigkeit erysipelatöser Entzündungen nach Venenthrombosen dadurch plausibel gemacht wird.

Dass allerdings die Strömungsverhältnisse in einem Gefässbezirk, in den von den Arterien her, nach Lösung einer Massenligatur, das Blut wieder eintritt, ganz andere sind, als in einem hinter einer embolisirten Endarterie, der von den Venen her gefüllt wird, das ist mir sehr wohl bewusst: dort strömt arterielles Blut hinein in normaler Richtung, mit Anfangs sogar beträchtlich gesteigerter Geschwindigkeit, mit arteriellem Druck, in ein Gebiet, das durch offene und immer mehr sich erweiternde Venen den bequemsten Abfluss hat; hier drängt rückläufig, in geradezu der normalen entgegengesetzten Richtung, venöses Blut, ganz langsam, unter dem schwachen venösen Druck in Gefässe, aus denen jeder Abfluss durch den Arterienpfropf versperrt ist. Doch treffen, wie mir scheint, alle diese Punkte nicht das Wesentliche. Denn dieses dünkt mir eben darin zu liegen, dass in beiden Fällen das Blut in einen Gefässbezirk einfliesst, der längere Zeit hindurch nicht von regelmässig circulirendem Blute durchflossen worden, und in dem desshalb die Gefässwandungen diejenigen Veränderungen ihrer Integrität erlitten haben, welche eine Extravasation nach sich ziehen. Jene Differenzen werden nothwendig ihre Bedeutung haben für den Grad und den Ablauf der Extravasationsvorgänge. Vor Allem kann nach einer Embolie es niemals zu einer Emigration kommen, weil zu deren Zustandekommen ein normal gerichteter Venenstrom mit Randstellung der farblosen Blutkörperchen die unerlässliche Vorbedingung ist, die bei der rückläufigen Anschoppung ebenso wenig erfüllt ist, als bei der Stauung durch Sperrung des venösen Abflusses. Dergleichen bedarf es bei den Capillaren nicht, und es müssen daher, wie mir scheint, nach den Erfahrungen, die wir aus den Massenligaturen und ihren Folgen geschöpft haben, am dritten, vierten Tage nach der Verstopfung der Endarterie, in der Froschzunge, bei anderen Organen, je nachdem, schon früher Blutungen aus den angeschoppten Capillaren erwartet werden. Immer wolle man sich dabei gegenwärtig halten, dass in dem angeschoppten Bezirk das Blut flüssig bleibt: eines erheblichen Druckes bedarf es weiterhin nicht, um durch die in ihrer Integrität so tief beschädigte Gefässwand die Blutkörperchen extravasiren zu machen; ein solcher herrscht ja auch nicht in den Capillaren und Venenanfängen nach der Lösung einer Massenligatur, am wenigsten in den Fällen, wo die Restitution des Kreislaufs bereits mangelhafter sich gestaltet, und in denen doch gerade die stärksten Hämorraghien stattzuhaben pflegen: und andererseits fehlt ein positiver Druck, wenn er auch an sich geringfügig ist, auch nicht im angeschoppten Bezirk. Sollte aber dem Allen gegenüber Jemand einwenden wollen, dass die Gefässe des Emboliebezirks ja nicht völlig aller Blutzufuhr beraubt sind, vielmehr aus den Venen rückläufig Blut beziehen, das vielleicht zu ihrer regelmässigen Ernährung und Erhaltung ausreichen könne, so erwidere ich darauf, dass man doch nicht im Ernst diese Art retrograder langsamer Füllung und Anschoppung mit einer normalen Circulation in ihren Effecten identificiren könne, und verweise insonders auf die Erörterung der Vorgänge nach einer wieder aufgehobenen Venensperre, wo es auch an Blut und Blutkörperchen wahrlich nicht gefehlt hatte, wohl aber an dem naturgemässen Strom. Nach Allem erklärt sich denn, meines Erachtens, der Uebergang aus der Anschoppung in die Infarcirung hinter der Embolie einer Endarterie einfach und vollständig durch die Veränderung, welche inzwischen die Gefässe des embolisirten Bezirkes, vor Allem die Capillaren desselben, in Folge der Unterbrechung der regelrechten Blutzufuhr erlitten haben.

Aber auch für diejenigen Blutungen, welche im Gefolge von Capillarembolien so oft zur Beobachtung kommen, scheinen mir jene Erfahrungen den Schlüssel zu bieten. Auch hier handelt es sich vermuthlich um Blutungen in Folge gestörter Integrität der Capillarwandungen. Denn wenn der Leser sich der Beschreibung erinnern will, welche ich oben von der Circulation in einem Capillarbezirk mit darin festsitzenden Wachsembolis gegeben habe, so wird er ohne Weiteres anerkennen, dass auch hier vielfache Gelegenheit dazu gegeben ist, dass eine oder die andere Capillare lange Zeit, oftmals mehrere Tage lang ohne regelrechte Blutbewegung bleibt. Steht doch das eine Mal das Blut still auf der linken Seite der Wachskugel, das andere Mal rechts davon, und wieder an einer Stelle auf beiden Seiten derselben, oder am Eingang und am Ende einer Capillare sitzt je ein Kügelchen, so dass diese selbst völlig gegen das kreisende

Blut abgesperrt ist. Bleiben nun solche Stellen constant, ohne dass die Lage der Wachskugel wechselt, nun so können sie gerade auch bei sehr langer Dauer sehr unschuldig sich verhalten: sobald aber der Pfropf seinen Ort wechselt, was ja in den Capillaren immer wieder passiren kann, so kann jetzt in die so lange von circulirendem Blute abgesperrt gewesene Capillare mit einem Male wieder neues, strömendes Blut eintreten, das sie nun zu halten vielleicht nicht mehr im Stande ist, weil ihre Wand inzwischen functionsunfähig geworden, und ein Extravasat muss die Folge sein. Dass dies aber ebenso gut in der unmittelbaren Nähe eines Pfropfes, als in einiger Entfernung von demselben auftreten kann, das ergiebt eine einfache Ueberlegung ohne Weiteres, und so kann es mithin nicht Wunder nehmen, dass, wie ich früher hervorgehoben, nur in vereinzelten Extravasaten das Centrum von einem Embolus eingenommen wird, der in der Mehrzahl derselben dagegen vermisst wird. Was aber a priori durch diese Erklärung wahrscheinlich gemacht wird, das ist, dass je grösser die Menge der in einem gewissen Capillarbezirk gefahrenen Pfröpfe ist, desto zahlreicher auch die punktförmigen Blutungen sein werden: denn so sehr gerade hierbei, nach dem Gesagten, auch der Zufall seine Hand im Spiele haben mag, so wächst doch mit der Zahl der Pfröpfe unzweifelhaft die Wahrscheinlichkeit der zeitweiligen Absperrung einzelner Capillaren von der Circulation und damit die Gefahr späterer Blutungen.

Ziehen wir jetzt das Resumé der bisher erzielten Ergebnisse, so scheint mir, dass damit eine befriedigende Einsicht in den Mechanismus der embolischen Vorgänge und Störungen, soweit es sich eben um rein mechanische Effecte handelt, gewonnen ist. Für die Embolle der Arterien haben wir, ganz entsprechend unseren naturgemässen thoretischen Anschauungen und den bereits oben angezogenen Auseinandersetzungen Virchow's, erfahren, dass Alles darauf ankommt, ob jenseits des obturirenden Pfropfes in die verstopfte Arterie noch eine arterielle Anastomose einmündet oder nicht. Im ersteren Falle ist die einzige Wirkung der Embolie die, dass das Stück der betreffenden Arterie, welches zwischen dem nächsten oberhalb und dem nächsten unterhalb des Pfropfes abgehenden Seitenaste sich befindet, einfach ausgeschaltet wird. Wir wissen jetzt ja aber, dass für die Arterie die Unterbrechung ihrer eigenen Circulation ein nicht sehr eingreifendes Ereigniss ist; enthält sie Blut, central oder peripherisch vom Embolus, so wird dies schliesslich wohl gerinnen, jedenfalls ohne dass eine Blutung durch die Arterienwand hindurch vorangegangen, und ist sie leer, so wird sie zusammenfallen und vermuthlich schliesslich die gegenüberliegenden Wände des Gefässrohres mit einander verwachsen: worüber freilich beim Frosche so lange Zeit hingehen dürfte, dass ich wenigstens nicht darüber erstaunt bin, dass es mir nicht gelungen, diesen Ausgang bei einem meiner Versuchsthiere zu Gesichte zu bekommen. Im zweiten Falle aber, wenn die verstopfte Arterie eine Endarterie ist, so entwickelt sich eine zweifache, von einander an sich ganz unabhängige Reihe von Erscheinungen, resp. Störungen. Erstens nämlich die Nekrose, welche die selbstverständliche Folge der Aufhebung der Circulation in einem thierischen Organ ist, nur bei einer Species früher, bei der anderen später eintritt, und auch bei derselben Thierart in dem einen Organ früher zu Stande kommt, als in einem anderen; sie äussert sich in der Froschzunge in dem matten, undurchsichtigen, saftlosen Aussehen des ganzen Organs, und histologisch in der Lockerung und Ablösung der Epithelien, dem Aufhören der Flimmerung, der Zerreissung und Zerklüftung der Muskelfasern und endlich in den in dieser Abhandlung ausführlich beschriebenen Veränderungen der Gefässwandungen. Zweitens die Anschoppung durch rückläufigen Strom von der benachbarten Vene aus, einen Strom, dem, wie oben ausführlich auseinandergesetzt, die Venenklappen beim Frosch ein Hinderniss nicht entgegensetzen. Die Combination beider Störungsreihen ist der Infarct. Denn schwerlich wird der Leser es im Obigen besonders vermisst haben, dass ich bei der Beschreibung der Infarcirung nicht noch ausdrücklich und namentlich die Gewebsnekrose betont: mir schien das implicite in der ganzen Schilderung drinzuliegen, und jedenfalls wird es genügen, noch an dieser Stelle zu erwähnen, dass, wenn die Frösche die

Infarcirung nur lange genug überleben. regelmässig der ganze infarcirte Abschnitt vollständig abgestossen wird, auf dem Wege demarkirender Entzündung. Aber auch dafür, dass die beiden Processe, die Nekrose und die Abschoppung, ganz unabhängig sind von einander, auch dafür giebt die Froschzunge, in allerdings nur sehr seltenen Fällen, die mir die Gunst des Zufalls in einer überaus zahlreichen Reihe von einschlägigen Experimenten nur viermal in die Hände gespielt hat, den stricten Beweis. Ich denke dabei nicht an jene Verstopfungen sehr kleiner Endarterien, hinter denen eine Anschoppung, wie oben auseinandergesetzt, wegen des gar zu geringen Druckes in der entsprechenden Vene nicht sich ausbildet, sondern an ein sehr eigenthümliches und überraschendes Verhalten, das mir, wie gesagt, im Ganzen viermal begegnet ist. Mitten in der angeschoppten und selbst bereits infarcirten Zungenhälfte fielen mir nämlich scharf umschriebene ganz blasse Bezirke auf von der Gestalt eines annähernd gleichschenkligen Dreieckes, dessen Basis eine Strecke des Zungenrandes bildete, während die Spitze gegen die Wurzel der Zunge gerichtet war; innerhalb dieses Dreieckes flimmerten die Epithelien nicht, viele waren abgestossen, in den noch vorhandenen traten die Kerne sehr deutlich hervor, die Muskelfasern waren alle zerrissen und zerklüftet, und die sparsamen Blutkörperchen, die in den Gefässen vorhanden waren, liessen gleichfalls die Kerne mit hartem Contour erkennen; und schon von blossem Auge machte die ganze Stelle vermöge des mattgelben, glanzlosen Aussehens den unverkennbaren Eindruck des Abgestorbenen. Als Ursache dieser so auffällig von dem übrigen Infarct abstechenden nekrotischen Keile hat sich in allen diesen Fällen ein Venenklappenpaar herausgestellt, das fast genau an der Spitze des Dreiecks sass und das, wie der lebhafte Gegensatz zwischen der dichten Blutsäule auf der centralen und der Blutleere auf der peripherischen Seite der Klappe erkennen liess, vollkommen geschlossen hatte: ein Verhalten, das nach dem Früheren, beim Frosch zu den Ausnahmen gehört.

Ferner haben wir für die capillären Embolien den Nachweis führen können, dass zwar directe Störungen von Erheblichkeit für die Circulation durch sie nicht erzeugt werden, dass dagegen trotzdem später, nach drei, vier Tagen oder mehr, kleine Blutungen in ihrem Gefolge auftreten können, die sich auch makroskopisch als punktförmige Extravasate kundgeben. Wie bei einigen dieser Extravasate in ihrem Centrum ein Embolus sitzt, bei der Mehrzahl derselben indessen davon nicht die Rede ist, und wie ich andererseits meine, dass diese Blutungen zu erklären sind, das Alles habe ich erst so wenige Blätter vorher auseinanderzusetzen versucht, dass ich dem Leser jetzt wohl die Wiederholung ersparen darf.

Aber auch für die menschliche Pathologie ergeben sich aus diesen Versuchen Folgerungen, welche, wie mich dünkt, die Lösung der mancherlei Räthsel enthalten, die bisher noch in der Lehre von den embolischen Processen gesteckt haben. Nur muss man selbstverständlich, wenn man Erfahrungen vom Frosch auf die Säugethiere und den Menschen übertragen will, den Differenzen Rechnung tragen, die zwischen den natürlichen Verhältnissen und Lebensvorgängen Beider vorhanden sind. Dahin rechne ich z. B. so grobe Dinge, wie den Unterschied im Kaliber der Gefässe, mit denen wir es beim einen und beim andern zu thun haben; hierher gehört ferner die bedeutende Verschiedenheit in der Stärke des Blutdruckes beim Frosch und den Warmblütern, und ganz vor allem Andern die viel engeren Beziehungen und Abhängigkeitsverhältnisse, welche zwischen den einzelnen Apparaten der Warmblüter untereinander bestehen, gegenüber dem Frosch, und von denen es abhängt, dass bei den Warmblütern ein seiner Blutzufuhr beraubtes Organ bereits zu zu einer Zeit totaler Nekrose verfällt, wo beim Frosche die ersten Störungen sich vielleicht eben erst zu entwickeln beginnen. Für diese anderweitig übrigens ja längst bekannte und festgestellte Erfahrung haben auch die obigen Versuche über den Einfluss der Absperrung der Circulation auf die Integrität der Gefässwandungen neue Belege geliefert.

Unter Berücksichtigung dieser Umstände gilt nun zunächst für die Capillarembolien des Menschen und der Säugethiere Alles das, was uns die Versuche an der Froschzunge dargethan haben. Denn wenn irgendwo, so sind in den Capillaren die Kreislaufsverhältnisse bei Kalt- und Warmblütern einander analog, sowohl im Kaliber der Gefässe und ihrer anatomischen Anordnung, als auch im Druck und der Geschwindigkeit des darin circulirenden

Blutes; und wenn z. B. die Froschcapillaren im Allgemeinen die der Säugethiere und des Menschen an Weite übertreffen, so sind andererseits auch die Froschblutkörperchen erheblich grösser, als die der obersten Thierklasse. Hiernach wird man von den capillären Embolien der Säugethiere und des Menschen zu erwarten haben, dass sie zunächst erhebliche Einwirkungen auf den Blutlauf des Organs, in dem sie sitzen, nicht ausüben; dass ferner viele der Emboli einfach ruhig stecken bleiben, ohne überhaupt jemals irgend welche Effecte zu bewirken, dass aber auch in ihrem Bereiche, theils an ihrer unmittelbaren Stelle, theils in ihrer kleineren oder grösseren Nähe punktförmige Extravasate auftreten können. Fragen wir nun, was die menschliche Pathologie in dieser Beziehung lehrt, so ist man bekanntlich sehr allgemein zu der Annahme geneigt, dass die Petechien der Haut, die man so häufig im Verlaufe der malignen Endocarditis antrifft, auf capilläre Embolien zu deuten seien, wie dergleichen bei derselben Krankheit auch in den Nieren nicht selten zur Beobachtung kommen. Indessen, so plausibel das immer den Aerzten erschienen ist, seit man die embolischen Vorgänge überhaupt kennt, so scheint mir doch, dass man gerade hier etwas zu voreilig gewesen ist, resp. ohne ausreichenden Beweis geurtheilt hat. Insbesondere muss es doch schon stutzig machen, dass diese Ecchymosen fast ausschliesslich in der Haut und in den Nieren auftreten sollten, während sie in den Muskeln, dem Unterhautfett, dem Respirationstractus, den Genitalien, dem Peritoneum eigentlich niemals beschrieben worden sind, und auch punktförmige Blutungen im Darm oder dem Gehirn und seinen Häuten doch nur äusserst selten mit jenen coincidiren; auch das spricht nicht gerade dafür, dass sie keinesweges alle Fälle von perniciöser Endocarditis begleiten, obwohl ich darauf ein zu grosses Gewicht nicht legen will. Dass übrigens wirklich der Beweis in diesen Fällen geführt worden wäre, dass die Petechien auf Capillarembolien beruhen, das wird Niemand behaupten wollen; man hat bei der grossen Schwierigkeit, die es natürlich haben musste, überhaupt einmal mit unzweifelhafter Sicherheit im Centrum einer solchen Ecchymose eine verstopfte Capillare aufzufinden, sich doch in den allermeisten Fällen dabei beruhigt, dass bei diesen Gelegenheiten die erkrankten Herzklappen mit ihren thrombotischen Auflagerungen das Material zu vielfachen Verstopfungen der Hautcapillaren liefern können, wie sie es unzweifelhaft für die Embolie der Milz- und Nierenarterienzweige hergeben, denen die Infarcte dieser Organe in diesen Krankheiten ihren Ursprung verdanken. Nimmt man aber zu dem Allen die Möglichkeit der Entstehung derartiger Hautecchymosen ohne jeden Zusammenhang mit Herzklappen-Entzündungen, wie sie nicht blos beim Skorbut und der Werlhof'schen Blutfleckenkrankheit, sondern noch bei gar manchen fieberhaften Erkrankungen oft genug zur Beobachtung kommen, so scheint mir hinreichende Mahnung zur Vorsicht gegeben zu sein. Mehr als Alles aber bestimmen mich in diesem Sinne die Ergebnisse von express hierauf gerichteten Experimenten an Säugethieren. Ich habe bei Hunden und bei Kaninchen eine Emulsion sehr feiner Wachskügelchen sowohl in die Venen, als direct in den arteriellen Kreislauf eingespritzt. Für letzteres wählte ich entweder die Carotis communis einer Seite, in die ich sowohl central, als auch direct in peripherer Richtung eine gewisse Qantität der Emulsion einführte, oder die Art. femoralis, in die ich auch bei einigen Thieren peripherisch, bei anderen, mit Zuhilfenahme eines auch von Panum für diesen Zweck benutzten, hoch in der Richtung zum Herzen in die Arterie hinaufgeführten Catheters, central die Aufschwemmung der Kügelchen injicirt habe. Wenn ich dabei die Vorsicht anwandte, nur eine kleine Quantität von Emulsion einzuspritzen, oder aber die letztere stark durch Kochsalzlösung verdünnt zu injiciren, so haben die Thiere den Versuch in der grossen Mehrzahl nicht blos überlebt, sondern eigentlich nicht einmal irgend ein Symptom von Erkrankung dargeboten. Nur die directe Injection der Wachsemulsion in die Carotis in der Richtung zum Hirn hat fast jedesmal Lähmungssymptome, oder bei einzelnen Thieren auch Convulsionen zur Folge gehabt und früher oder später, nach Ablauf einiger Tage den Tod der Thiere herbeigeführt; dagegen habe ich bei centraler Einspritzung der Aufschwemmung in die A. femoralis die von Panum in seinem mehrerwähnten Aufsatze*) geschilderte Lähmung des Hinterkörpers erst nach

---

*) Virch. Archiv XXV., p. 433 ff.

relativ sehr beträchtlichen Mengen der Emulsion eintreten sehen, die dann gewöhnlich auch innerhalb der ersten 24 Stunden zum Tode führten. Wie gut im Gegensatz hierzu kleinere Quantitäten der Emulsion vertragen werden können, das lehrte mich z. B. ein Hund von mittlerer Grösse, dem ich zuerst in die Vena jugul. dextra, am folgenden Tage, da er sich vollkommen wohl befand, nach Eröffnung der Bauchhöhle in der Linea alba, in die A. mesaraica sup., am dritten Tage, da noch immer keine Störung des Befindens eingetreten war, central in die A. carotis sin. und am vierten, aus demselben Grunde, central in die A. femoralis sin. jedesmal ein paar Cubikcentimeter einer dünnen Wachsemulsion injicirt habe; das Thier musste, da selbst nach diesem vierten Eingriff seine Fresslust und seine Munterkeit sich in keiner Weise änderte, schliesslich getödtet werden. Mochten nun aber die Hunde und Kaninchen spontan in Folge der Embolisirung zu Grunde gehen, oder, gewisse Zeit nach dem Versuche, direct ums Leben gebracht werden, so habe ich doch nur äusserst sparsame Ecchymosen in dem Cadaver, trotz der sorgfältigsten und genauesten Durchmusterung aller Organe, angetroffen. Niemals in der Lunge, nie in den serösen und der harten Hirnhaut, nie in den Nieren oder der Leber, nie in den Genitalien und der Harnblase, dem Magen und Oesophagus, nie in der Haut und dem Unterhautfett, und niemals im Rückenmark. Und dabei habe ich doch ohne alle Schwierigkeit Wachskügelchen in allen diesen Organen auffinden können, in grösserer oder geringerer Anzahl, fast sämmtlich in echten Capillaren sitzend, vereinzelte etwas grössere auch schon in feinen Arterien. Bei einzelnen Versuchsthieren stiess ich allerdings auf kleine Extravasate in den Muskeln, dem Darm, dann auch der Pia mater und einmal im Kleinhirn, ein andermal im Pons, ferner im Herzmuskel und im Pericardium; doch habe ich keinesweges dabei die Ueberzeugung gewonnen, dass diese Blutungen direct embolischen Ursprungs seien. Denn dass wirklich im Centrum der Petechien ein Wachskügelchen gesessen, das gehörte zu den allergrössten Seltenheiten: aber oftmals liessen sich auch nicht einmal in der Nähe dieser Extravasate Wachsemboli auffinden, während letztere in grösserer Zahl gerade vielleicht an Stellen angetroffen wurden, wo es in ziemlich

weitem Umkreise keine einzige Ecchymose gab. Einige Male
war die Abhängigkeit der Petechien von den eingebrachten
Wachspfröpfen geradezu eine Unmöglichkeit: denn ich habe u. A.
einmal Blutungen in den Nackenmuskeln eines Hundes gesehen,
dem ich in die A. mesaraica sup. peripherisch die Wachsemulsion injicirt, und Ecchymosen der Pia mater bei einem andern,
dem ich in die V. jugul. die Aufschwemmung eingebracht hatte.
Ganz besonderes Gewicht aber möchte ich auf einige Fälle von
Embolisirung des peripheren Bezirkes der Carotis comm. bei Kaninchen und Hunden legen, in denen sofort nach der Operation
Lähmung und noch am selben, resp. am folgenden Tage der
Tod eintrat, und wo die Autopsie und sorgfältige mikroskopische
Untersuchung nicht eine einzige Ecchymose weder im Hirn und
seinen Häuten noch in der Kopf- und Gesichtshaut, noch in
der Mundschleimhaut oder im Auge und Ohr entdecken liess,
während Nichts leichter war, als überall an den genannten
Stellen Wachskügelchen aufzufinden. Genau dasselbe gilt von
einem andern Versuche, wo ich einem Hunde central in die A.
femoralis die Emulsion einspritzte und die sogleich eingetretene
Schwäche im Hinterleibe schon intra vitam den Beweis lieferte,
dass eine Anzahl der Kügelchen in das Rückenmark gefahren
waren: das Thier wurde am folgenden Morgen todt gefunden,
und in der unteren Hälfte des Rückenmarks steckten in der
That eine ganze Anzahl capillärer Emboli, jedoch ohne eine
einzige gleichzeitige Ecchymose: auch Körnchenzellen oder anderweite Zeichen einer beginnenden nekrobiotischen Erweichung
sind mir, wie ich beiläufig bemerken will, bei dieser Untersuchung nicht begegnet. Endlich habe ich eben dieses gleiche
Verhalten mehrere Male für den Darm constatirt. Die Einspritzung der allerdings verdünnten Emulsion geschah direct in
einen der grösseren Aeste der A. mesaraica des Hundes in der
Richtung zum Darm, der während der Injection auch evident
erblasste, allerdings mit sogleich wiederkehrender Röthung: der
Eingriff wurde von allen hierzu benutzten Hunden, von denen
freilich keiner über 4 Monate alt war, vollkommen gut über-
standen, so dass die Thiere getödtet werden mussten, durch
Cyankalium oder durch einen Stich in's Herz: und weder in

dem Mesenterium, noch in der zu der embolisirten Arterie gehörigen Darmschlinge fand ich eine einzige Petechie, während die Emboli ohne alle Mühe in den capillaren Gefässen der Darmschleimhaut, der Muscularis und der Serosa und zwar in gar nicht so geringer Zahl nachgewiesen werden konnten. Nichtsdestoweniger bin ich, so sehr alle soeben angeführten Momente vor hastigen Schlüssen warnen müssen, doch weit davon entfernt, überhaupt die Möglichkeit von Blutungen nach und in Folge von Capillarembolien leugnen zu wollen. Vielmehr glaube ich gerade in den oben für den Frosch beigebrachten Auseinandersetzungen auch Fingerzeige dafür gegeben zu haben, wie beim Menschen und den Säugethieren diese Blutungen zu erklären sind. Sie müssen meiner Meinung nach wesentlich auf Schädigung der Capillarwand zurückgeführt werden, welche eine zeitweilige Absperrung der Circulation nach sich zieht, und die zu Blutungen führen kann, sobald in eine derartige beschädigte Capillare wieder Blut hinein gelangt. Wenn ich aber beim Frosch darauf hingewiesen habe, wie der oftmals noch lange Zeit nach der Embolisirung vor sich gehende Ortswechsel eines Wachspfropfes innerhalb des Capillarbezirks das Zustandekommen von Blutungen begünstigen müsse, so gilt genau dasselbe für den Menschen und die Säugethiere; denn man wolle nicht ausser Acht lassen, wie auch beim Menschen Gerinnungen in beschädigten Capillaren erst sehr spät eintreten, und jedenfalls nicht, so lange dieselbe nicht sehr erheblich destruirt sind; und diesem Zeitpunkt geht eben in den Capillaren, wie die obigen Versuche uns gelehrt haben, immer ein Stadium voran, wo die Gefässwand zwar noch den Blutstrom innerhalb ihrer gestattet, zugleich aber zu Extravasation in hohem Grade geneigt ist. Dass überdies beim Menschen und den Säugethieren nicht gar so lange Zeit erforderlich ist, bis jene Veränderungen der Capillarwand und damit die Gelegenheit zu Blutungen sich ausgebildet haben, auch das bedarf nach dem Früheren nicht erst der Erwähnung. Am leichtesten und ehesten wird aber unter allen Umständen die Capillarembolie bei den Warmblütern Ecchymosirungen nach sich ziehen, wenn die Zahl der in einen gewissen Capillarbezirk gefahrenen Pfröpfe recht gross ist; und so erkläre ich mir die von den meinigen abweichenden Versuchsergebnisse Panum's, der so regelmässig nach seinen Injectionen von Wachsemulsion in die Arterien, die ich ja lediglich mit seinem eigenen Verfahren wiederholt habe, Petechien im Darm, im Rückenmark, auch in der Haut etc. erhalten hat. Panum's Versuchsthiere bekamen immer eine sehr viel beträchtlichere Menge von Wachskügelchen als die meinigen, wie dies die viel grössere Intensität der Symptome intra vitam, und wie es mehr noch der tödtliche Verlauf beweist, den fast alle seine Versuche in schon verhältnissmässig kurzer Zeit genommen haben; möglich selbst, dass ausser echten Capillaren zugleich immer auch etliche Arterien von den Pfröpfen verstopft worden sind, eine Differenz, auf die es Panum bei der in seinen Versuchen in's Auge gefassten Aufgabe nicht sonderlich ankam. Sehr wahrscheinlich ist es auch die Massenhaftigkeit der capillären Fettembolien gewesen, auf die das Auftreten vielfacher Petechien in dem Recklinghausen'schen, von Busch beschriebenen Falle lethaler allgemeiner Fettembolie*) zu schieben ist. Wenigstens ist es sonst keineswegs das Gewöhnliche, dass dort, wo Capillaren mit flüssigem Fett verstopft sind, zugleich punktförmige Extravasate sich fänden. Davon habe ich mich nicht blos wiederholte Male bei menschlichen Obductionen, in der Haut und ganz besonders der Lunge, überzeugt, sondern das haben auch die eigenen Experimente von Busch an Kaninchen zur Genüge herausgestellt, denen ich selbst ähnliche hinzugefügt habe. So habe ich z. B. von einer gut durchgeschüttelten Emulsion von Leberthran oder Provenceröl Fröschen einige Tropfen in die Arterien der Zunge gespritzt, wo es dann, bei sehr vorsichtiger Verfahrungsweise, wirklich überwiegend nur zu capillären Fettembolien kam, und habe ferner bei Kaninchen eben dieselbe Flüssigkeit direct unter sehr schwachem Drucke und in sehr geringer Menge in die mediane Ohrarterie injicirt, wo dann auch sehr bald das Oel aus den feinen und feinsten Arterien in die Capillaren sich verlor; niemals sind aber hinterher, so wenig in der Froschzunge, als im Kaninchenohr, irgend welche Extravate die Folge gewesen. Vielmehr schwand das Oel ganz allmählich im Zeitraum mehrerer Tage aus diesen Stellen, indem es in die Venen hinübergeschoben

---

*) Virch Arch. XXXV., p. 321.

wurde und hier zum Herzen hin abfloss, und einige Tage nachher verrieth Nichts, weder in der Zunge des Frosches, noch im Kaninchen, dass irgendwo Oel die Capillaren verstopft hatte. — Ich brauche aber schliesslich wohl nicht erst ausdrücklich hinzuzufügen, dass diese ganze Erörterung von den Wirkungen der Capillarembolie beim Menschen und den Säugethieren sich lediglich auf die rein mechanischen Momente bezieht und diejenigen Pfröpfe ganz ausser Acht lässt, welche noch anderweite, besondere Effecte zu verursachen befähigt sind.

Solcherlei Zweifel und Bedenken, wie sie sich in Betreff der durch die Capillarembolien gesetzten Störungen beim Menschen aufdrängen, giebt es nun für die Verstopfungen der Arterien, mit denen wir uns jetzt beschäftigen wollen, nicht. Schon desshalb nicht, weil die durch sie bedingten Effecte meist von solcher Ausdehnung und so typischem Verhalten sind, dass, wenn überhaupt arterielle Embolien dabei mitspielen, über das Causalverhältniss der beiden Vorgänge eine Täuschung nicht wohl statt haben kann. Von anatomischen Folgezuständen der Arterienverstopfung nennen wir nun beim Menschen, wenn wir zunächst auch hier alle specifischen, nicht rein mechanischen Wirkungen bei Seite lassen, dreierlei. **Entweder die Emboli bleiben ruhig an irgend einer Stelle sitzen**, bis zu endlicher Organisation und Verwachsung mit der Arterienwand selber, ohne irgend welche erkennbaren secundären Wirkungen für den Körpertheil, dem das obturirte Gefäss angehört; **oder hinter der Embolie entsteht ein nekrobiotischer Process**, der das eine Mal als trockener, das andere Mal als feuchter Brand, wieder anderswo als einfache Erweichung etc. verläuft; **oder endlich drittens bilden sich hämorrhagische Heerde**, die an flächenhaften Organen mehr als Flächenblutungen resp. blutige Infiltrationen, an parenchymatösen als Infarcte in die Erscheinung treten. Für den ersten Modus des einfachen Sitzenbleibens des Pfropfes ohne Secundärwirkungen sind bekanntlich die häufigsten Beispiele in den Lungen zu finden, während die nekrobiotischen Processe aus embolischen Ursachen am besten gekannt sind von der Haut und den Extremitäten einerseits und andererseits vom Gehirn, und die hämorrhagischen Heerde sehr oft in den Lungen, der Milz, der Niere, seltener schon im Gehirn, im Auge und im Digestionskanal, niemals aber in anderen Organen als diese beobachtet werden. Prüfen wir jetzt, ob die an der Froschzunge gewonnenen Erfahrungen eine ausreichende Handhabe bieten für die Erklärung dieser anscheinend so mannigfachen und in sich verschiedenartigen Processe, welche im Gefolge der Arterienverstopfung beim Menschen sich einstellen!

Hier fällt nun, wie einer besonderen Erläuterung wohl nicht erst bedarf, der im Uebrigen wirkungslose Modus des einfachen, unschuldigen Steckenbleibens der Pfröpfe bis zu ihrer definitiven Organisation durchaus zusammen mit dem, was wir in der Froschzunge bei der Verstopfung von Arterien kennen gelernt haben, in die jenseits des Embolus noch eine arterielle Anastomose einmündet. Gerade so wie hier durch letztere die Circulation in dem peripheren Abschnitte der obturirten Arterie und ihrem Capillargebiet nebst Venen, in einzelnen Fällen schon nach sehr kurzer, in anderen erst nach etwas längerer Zeit, immer aber vollständig und ohne Schwierigkeit oder Mangel vermittelt wird, so geschieht dies auch beim Menschen, wenn eine Arterie diesseits oder im Circulus Willisii selbst embolisirt ist oder wenn einer der grösseren Zweige der Lungenarterie verstopft ist. Aber dieser Modus trifft noch für sehr viel ausgedehntere Gefässbezirke zu. Denn es gehören hierher die ganze arterielle Einrichtung der Haut, der Muskeln, der fibrösen und serösen Häute, des Digestionstractus sammt dem Mesenterium, fast alle echten Drüsen, die Harnblase und die Genitalien, die Knochen und Gelenke, der Herzmuskel, die Aderhaut und die Iris, die Wand der Nasenhöhle, des Rachens und der grossen Luftwege u. A. m.: in allen diesen mit arteriellen Anastomosen auf's Reichlichste ausgestatteten Organen muss die Embolie einzelner Arterien ebenso wirkungslos und unschädlich sein, wie die Unterbindung von solchen; ist doch bei den Drüsen selbst dafür gesorgt, dass nicht blos im Innern die zahlreichsten arteriellen Verbindungen existiren, sondern dass in jede derselben sogleich mehrere grössere Arterien hineintreten, so dass nicht einmal der Verschluss einer Hauptarterie bemerkbare Folgen nach sich ziehen kann! Alle diese Stellen können höchstens die Veranlassung zu sogenannten functionellen

Störungen geben, worunter wir ja eben diejenigen verstehen, die, falls nicht der sofortige Tod anderweite Veränderungen überhaupt unmöglich macht, vollkommen und glücklich vorübergehen, weil eben die früher oder später erfolgende Circulations-Ausgleichung der Entwicklung bleibenden und dann auch immer anatomischen Störungen vorbeugt. So kann es wohl, worüber seit den ersten Mittheilungen Virchow's ja eine sehr reiche Casuistik in der Literatur vorliegt, zu plötzlichen Lähmungen, zu Anfällen von Asphyxie und Dyspnoe, von Angina pectoris, von Kälte, Anästhesie oder Hyperästhesie in den Extremitäten und zu schmerzhaften Sensationen daselbst kommen, aber alle diese Störungen sind mehr oder weniger rasch vorübergehend, um regelmässig einem ganz normalen Verhalten Platz zu machen. Es müsste denn sein, dass von der Verstopfung nicht blos eine Arterie selber, sondern zugleich auch deren jenseitige Anastomosen betroffen sind, was dann freilich das Ereigniss mit dem Verschluss einer Endarterie gleichwerthig macht.

Sehen wir uns aber zunächst in der menschlichen Anatomie um, wo und in welchem Gefässgebiete überhaupt solche Endarterien vorkommen, so sind hier zu nennen die Milz, die Nieren, die Retina, das Gehirn und die Lungen. In der Milz giebt es nach dem Eintritt der Zweige der A. lienalis in den Hilus des Organs bekanntlich gar keine arterielle Anastomosen mehr, und Injectionsmasse, welche in einen dieser Zweige eingespritzt wird, tritt nirgend über den unmittelbaren Verästelungsbezirk hinaus. Ganz analog verhält es sich mit den Nieren. Auch hier kann man durch Injection eines Zweiges der A. lienalis vor seinem Eintritt in den Hilus nur das directe Stromgebiet desselben füllen, und die einzigen, überdies sehr spärlichen und kleinen arteriellen Anastomosen, die in der Niere sich nachweisen lassen, verbinden einzelne Aestchen der Kapselarterie mit solchen von der Renalis. Eine sehr vollkommene Endarterie bildet die A. centralis retinae von der Papilla nervi optici ab, d. i. jenseits der kleinen Verbindungen zwischen ihr und den Ciliararterien, welche hier den Nervus opticus durchsetzen. — Complicirter schon gestalten sich die Verhältnisse am Gehirn. Denn eine so vortreffliche und geradezu typische Anastomoseneinrichtung der Circulus Willisii auch darstellt, so würde es doch irrthümlich sein, wollte man annehmen, dass jenseits desselben im Gehirn Verbindungen der Arterien untereinander gänzlich fehlten. Ich habe, bei dem Mangel einschlägiger Angaben in der anatomischen Literatur, diesen Punkt einer directen experimentellen Prüfung unterzogen, indem ich in einzelne Aeste der verschiedenen Hirnarterien, jenseits des Willis'schen Cirkels, Canülen einband und Injectionsmasse in sie einspritzte. Es zeigte sich, was übrigens auch schon die grobe anatomische Präparation bei einzelnen der Arterienzweige, so lange sie noch innerhalb der Pia mater verlaufen, ohne Mühe lehrt, dass arterielle Anastomosen in der That vorhanden sind, welche zuweilen sehr rasch und leicht die Injectionsmasse an ganz entfernte Stellen des Hirns führen. Indessen sind diese Verbindungen für einmal inconstant, und für's Zweite immer doch nur auf die Anfangsausbreitung bald hinter dem Circulus Willisii beschränkt; sobald ich die Canüle in einen Zweig eingebracht hatte, der gleich dahinter in die Hirnsubstanz selbst eintrat, habe ich immer nur eine Füllung und Färbung des unmittelbar entsprechenden Verästelungsbezirks erzielt. Sind somit die Arterien des Gehirns auch nicht sogleich jenseits des Circulus Endarterien, so nähern sie sich diesem Verhalten doch, je weiter sie von jenem sich entfernen, und nach dem Eintritt in die Hirnsubstanz selber sind arterielle Anastomosen, wenn überhaupt vorhanden, so doch äusserst sparsam und von so geringem Kaliber, dass sie für eine rasche Ausgleichung der unterbrochenen Circulation nicht in Betracht kommen können. In der Lunge endlich verästelt sich, wie bekannt, die Pulmonalarterie baumförmig, genau der Bronchialverzweigung entsprechend, ohne dass bis zu ihrem Eintritt in die Lobuli irgend eine Anastomose zwischen den Arterienästen vorhanden wäre. Um so regelmässiger und constanter aber sind dieselben zwischen den letzten arteriellen Zweigen, die in den Alveolarsepta verlaufen, und aus denen unmittelbar die Capillarausbreitung ihren Ursprung nimmt. Hiernach giebt es eigentlich in der Lunge überhaupt keine Endarterie, so günstig sich auch die grobe Verästelung der Pulmonalis dazu anlässt. Indessen darf hier doch nicht ausser Acht gelassen werden, dass die arteriellen Anastomosen Gefässe des allerkleinsten Kalibers sind, Arterien letzter Ordnung, eben, wie gesagt, im

Begriffe, sich in Capillaren aufzulösen, mithin der Art, dass nicht eine und auch nicht einige derselben, sondern erst eine recht grosse Zahl davon ausreicht, um den gestörten Kreislauf wieder zu reguliren. Dies trifft nun in der That zu für alle Zweige der Pulmonalis, die in der Nähe des Hilus und im Innern der Lunge gelegen sind: da hier die mit den Bronchen verlaufenden Arterienäste auf allen Seiten und nach allen Richtungen von den Lobuli und ihren Alveolen umschlossen sind, so muss die Zahl der kleinen arteriellen Anastomosen, die für die Ausgleichung der unterbrochenen Circulation herangezogen werden, eine ganz ungemessene sein. Anders aber, wenn es sich um eine Arterie handelt, die nur noch einige Lobuli der Peripherie zu versorgen hat: denn wenn auch hier nach den Seiten hin die betreffenden kleinen Anastomosen nicht vermisst werden, so fehlen doch naturgemäss die, welche sonst direct hinter der betreffenden Hauptarterie gelegen sind. So wird denn bei Pulmonalästen dieser Art sehr leicht ein Verhältniss sich herausbilden, wo die seitliche Anastomoseneinrichtung für eine rasche und vollständige Circulationsausgleichung nicht mehr genügt, der Lungenarterienzweig vielmehr zur Endarterie wird. Freilich lässt sich gerade hier ein so scharfes anatomisches Kriterium, wie in den anderen besprochenen Organen, nicht aufstellen, da es ja auf der Hand liegt, dass selbst individuelle Schwankungen in Bezug auf Dilatirbarkeit der feinen Gefässe, auf Energie des Kreislaufs u. dgl. hier zur Geltung gelangen können. Anscheinend werden überdies in den Lungen die Verhältnisse complicirt durch die Existenz der Bronchialarterien. Doch nur anscheinend, denn die Verbindungen, welche das System der letzteren mit der Verästelung der Pulmonalarterien eingeht, sind, wenn man vielleicht von einzelnen unbedeutenden Anastomosen in der Wandung der Bronchien und deren Schleimhaut absieht, nicht arterieller Natur, erst in den Capillaren der Alveolarsepta mischt sich theilweise das Blut der Bronchial- und Pulmonalarterien, und so wichtig demnach auch die Existenz der Bronchialarterien für eine Regulation chronischer Störungen in der Lungencirculation werden kann, so können sie doch bei den acuten, uns beschäftigenden Vorgängen eine Rolle nicht spielen; der Character der Endarterien in der Pulmonalverästelung wird durch sie nicht berührt.

Diese fünf Organe sind es mithin, in denen eine Arterienverstopfung mit mehr oder minder grosser Wahrscheinlichkeit anatomische Veränderungen nach sich ziehen wird. Und zwar vor Allem und zuerst ein Absterben, eine Nekrose desjenigen Theils, der sein Blut von der obturirten Arterie bezieht; und da ausser der Lunge alle diese Organe durch ihre anatomische Lage vor der Berührung mit athmosphärischer Luft oder dem Organismus fremden Flüssigkeiten geschützt sind, so wird bei ihnen der nekrobiotische Process einfach und nicht durch Zersetzungsvorgänge complicirt sein; bei der Lunge allein könnte statt der einfachen Nekrose auf die Arterienembolie Gangrän folgen, wenn nicht inzwischen noch ein anderes Moment zur Wirksamkeit gelangen würde. Es ist das die Anschoppung des embolisirten Bezirks durch rückläufigen Strom von den Venen aus, die wir in den Versuchen an der Froschzunge kennen gelernt haben. Die erste und unerlässliche Bedingung für die Ausbildung der Anschoppung ist aber beim Menschen und den Säugethieren das Fehlen der Klappen in den Venen des obturirten Gebietes, da es keiner besonderen Erwähnung bedarf, dass der bei den Warmblütern so vollkommen schliessende Mechanismus der normalen Venenklappen jeden Rückfluss absolut verhindern muss. Es sind nun aber die Venen der fünf uns gegenwärtig beschäftigenden Organe wirklich klappenlos, und in dieser Beziehung steht also der Anschoppung und damit der späteren Infarcirung, die ja nach dem Früheren nichts als eine unmittelbare Folge der ersteren ist, kein Hinderniss im Wege. In der That sehen wir in der Milz und in der Lunge bei Obturation von peripheren Aesten eines gewissen Kalibers regelmässig, in der Niere wenigstens sehr häufig hinter dem Embolus einen hämorraghischen Infarct, dessen typische Beschreibung als eines schwarzrothen, derben, über dem Niveau der angrenzenden Nachbarschaft ein Wenig promirirenden, dreiseitig begrenzten — die Basis nach der Peripherie, die Spitze gegen den Hilus des Organs gerichtet — Keils ja gerade von diesen Orten hergenommen ist. Auch in der Retina sind weitaus in den meisten

Fällen Blutungen nach Verstopfung der Centralarterie gesehen worden. Endlich ist es auch im Gehirn nicht selten, dass auf die Embolie einer Arterie jenseits des Circulus Willisii eine Hämorrhagie erfolgt. Indessen ist es jedem Pathologen zur Genüge bekannt, dass nach der Verstopfung der A. fossae Sylvii, oder einer anderen Hirnarterie ebenso oft, wenn nicht öfter, statt einer Hämorraghie eine gelbe oder selbst gelbweisse Erweichung sich einstellt, die eben nichts Anderes ist als eine einfache Nekrobiose; und ähnliche Erfahrungen fehlen auch nicht von der Niere. So ist es von Bedenken, welche der anatomische Befund in dieser Beziehung nicht selten einflössen muss,*) ganz abgesehen, doch ein unbestreitbares Factum, dass nicht jedesmal, wo die Autopsie einen sicherlich frischen Niereninfarct nachweist, auch Haematurie während des Lebens des Kranken stattgehabt hatte. Ferner ist es eine bekannte Erfahrung der Experimentoren, die auch ich wiederholt habe bestätigen können, dass eine Unterbindung des Hauptstromes der A. renalis immer sicher und sehr rasch eine totale Nekrose der betreffenden Niere, aber keine Spur von Infarcirung herbeiführt, und zum Ueberfluss hat mich ein Fall von totaler Embolie des Hauptstammes einer A. renalis, den ich der Seltenheit willen in der unten folgenden Note ausführlicher mittheilen will,**) gelehrt, dass auch beim Menschen die Nekrose

---

*) Vgl. Klebs, Hdb. d. patholg Anatomie p. 650.

**) Es handelte sich um einen wohlgebauten und ziemlich gut genährten achtjährigen Knaben H. G., dem auf der Klinik des Herrn Prof. Bartels wegen Croup die Tracheotomie gemacht worden war. Nach der Operation schwanden zwar die beunruhigenden Erscheinungen von Seiten des Larynx, indess erholte sich das Kind nicht wieder, fieberte vielmehr fortdauernd, was auf secundäre Lungenaffectionen bezogen wurde, die sich beiderseits mit Sicherheit nachweisen liessen. Eines Tages wurde Patient plötzlich von heftigen Stichen in der Milzgegend befallen, die nur allmählich nachliessen, während sehr bald eine frische Milzvergrösserung constatirt werden konnte. Tags darauf schrie der Knabe auf über einen intensiven, stechenden Schmerz im rechten Schenkel, diese ganze Unterextremität wurde hernach kühl, taub und nahezu bewegungslos. Unter diesen Erscheinungen starb er noch in derselben Nacht, ohne dass jemals irgend welche krankhaften Erscheinungen Seitens des Harns sich eingestellt hätten; es war, schon mit Rücksicht auf die Diphtherie der Luftwege, diesem Punkt, wie mir Herr Bartels auf Befragen noch ganz ausdrücklich mitzutheilen die Güte hatte, von Anfang an besondere Aufmerksamkeit geschenkt worden, so dass eine Täuschung hier unmöglich war.

Bei der am 7. Juli 1870 ausgeführten Obduction fanden sich am Pharynx,

der Niere nach Verschluss ihrer Arterie ohne gleichzeitige blutige Infarcirung vor sich gehen kann. Alles dies deutet in durch den ganzen Larynx und die Trachea bis zur Bifurcation hinab die Zeichen eines rückgängigen und in Heilung begriffenen diphtherischen Processes, zugleich noch eine offene Communication der Trachea nach aussen von der Tracheotomie her, und bronchopneumonische Heerde in beiden Lungen, aber rechts von grösserer Ausdehnung. Das Herz war ganz wenig geräumiger als normal, dabei aber nicht hypertrophisch, die Klappen durchweg zart und dünn. Linkerseits aber war die Spitze des Ventrikels ganz und gar ausgefüllt von einer festweichen geschichteten Thrombusmasse, mit entfärbter Peripherie und noch dunkelrothem Centrum; die in die Herzhöhle schauende Oberfläche des Thrombus indess nicht glatt, sondern uneben, wie zerrissen und abgebröckelt. In keiner der anderen Herzabtheilungen eine Gerinnung.

In der auf beinahe das Doppelte des Normalen vergrösserten Milz sass am vorderen Rande ein 3 und 2 Ctm. in Höhe und Breite messender, frischer dunkelbraunrother, scharfbegrenzter Infarct. Beide Nieren sind von ungleicher Grösse; während die rechte 9 Ctm. in der Länge, 5 in der Breite und 2 in der Dicke misst, dabei eine durchaus glatte blassgraue Oberfläche mit sehr leicht trennbarer Kapsel und ein ziemlich derbes Parenchym hat, in welchem die Rindensubstanz blassgrau, die Markkegel blassbläulich-roth aussehen, ist die linke 9 Ctm lang, 6 breit und 3¾ dick. Die Nierenkapsel dieser Seite, sowie das dieselbe unmittelbar umgebende Fett- und Zellgewebe sind geschwollen und saftreich, können übrigens mit leichter Mühe von der Niere abgelöst werden. Es kommt dann eine vollkommene glatte Oberfläche von marmorirtem Aussehen zu Tage, in der ganz unregelmässige, verwaschen begrenzte rothe Flecke von einem mattgraugelben, lehmfarbenen Grunde sich abheben. Die Consistenz des Gewebes ist eine mittlere. Auf der Schnittfläche erscheint die Rindensubstanz durchgehends ganz lehmfarben, saftlos, matt und fahl, äusserst undurchsichtig, wie todt, während die Pyramiden ziemlich lebhaft bläulichroth gefärbt sind Mitten in der Rinde und in einzelnen Markkegeln treten dann noch besondere tief blutigrothe Inseln hervor, ohne jede regelmässige Anordnung oder Begrenzung im Gewebe zerstreut; in diesen Inseln sind die Glomeruli als rothe Punkte kenntlich, die in der lehmfarbenen Zone mit Sicherheit nicht wahrgenommen werden können; sonst macht die makroskopische Erkenntniss der Nierenstructur, nach gewundenen und gestreckten Kanälchen, nirgend eine Schwierigkeit. Das Nierenbecken ist ganz leer, seine Schleimhaut blass. Sämmtliche grössere Arterien, welche der Längsschnitt durch die Niere getroffen hat, sind von einer festen dunkelrothen Pfropfmasse ausgefüllt, die sich rückwärts ganz continuirlich bis in den Hauptstamm der A. renalis verfolgen lässt. Von dieser ist nur der Anfangstheil in der Länge von 1 Ctm. noch frei und durchgängig, von da ab obturirt ein solider Embolus sie selbst und ihre grösseren Aeste total. Die grösseren Venen enthalten nur wenig dünnflüssiges Blut.

Die übrigen Baucheingeweide sind ohne jede Veränderung.

Weiterhin liessen sich noch grosse Emboli in den Arterien der unteren Extremitäten nachweisen. Ein 3 Ctm. langer Pfropf obturirte die A. hypogastrica sin., der unmittelbar hinter ihrem Abgang von der Iliaca communis anfing, und hinter dem die Aeste der Hypog. sämmtlich frei und leer waren. Eine noch weit mächtigere Pfropfmasse sass, gleichfalls vollständig obturirend, in der Iliaca com-

unverkennbarer Weise darauf, dass hier noch andere Momente zur Geltung kommen, die es verhindern können, dass die auf den Verschluss einer Endarterie unerlässlich folgende Nekrose in derselben Regelmässigkeit mit Anschoppung und Blutung sich combinirt, wie wir das in der Froschzunge gesehen haben, welche die rudimentäre Ausbildung ihrer Venenklappen einem klappenlosen Organ gleichstellt.

Nun haben wir an eben diesem Orte allerdings schon einen solchen Punkt kennen gelernt, der für diese Erwägungen Berücksichtigung verdient, d. i. die Nothwendigkeit eines gewissen Kalibers der embolisirten Endarterie, unterhalb dessen dieselbe nicht heruntergehen darf, wenn anders eine Infarcirung die Folge sein soll; denn, wie oben auseinandergesetzt, wird hinter den allerkleinsten Arterien zwar die Nekrose des wirklich von diesen versorgten Bezirks nicht ausbleiben, aber der in der entsprechenden Vene herrschende Druck wird nicht ausreichen, eine rückläufige Strömung von einiger Erheblichkeit zu bewirken.

munis dextra; sie begann schon in der Aorta unmittelbar über der Theilungsstelle und reichte bis über den Abgang der A. profunda femoris, hier rittlings aufsitzend und endigend, war indess auch ganz continuirlich in die Hypogastrica und ihre Aeste vorgedrungen, so dass sie in der Glutaea sup. d. noch 3, in der Obturatoria 2 Ctm. weit verfolgt werden konnte. Oberhalb und unterhalb schliessen sich an diese Pfröpfe ganz lose, dünne Leichengerinnsel, und ebensolche sitzen in den beiderseitigen Schenkelvenen. Nirgend liess sich, weder in der linken noch auch in der rechten unteren Extremität die geringste anatomische Veränderung entdecken.

Einer weiteren Erläuterung bedarf dieser Fall nicht. Was in specie die rechte Niere betrifft, so haben wir den typischen Befund echter totaler Nekrose, wie derselbe sich auch experimentell durch Unterbindung einer A. renalis beim Kaninchen oder Hund erzeugen lässt. Das lehmfarbene Aussehen der Rinde ist die Signatur dieser Nekrose, die sich mikroskopisch lediglich durch eine etwas stärker körnige Schattirung der Nierenepithelien kundgiebt; von Fettmetamorphose ist dabei natürlich keine Rede. Die Blutgefässe in der Niere waren grösstentheils, wie die obige Beschreibung ergiebt, leer, nur in den dunkelrothen unregelmässig begrenzten Inseln enthielten Glomeruli und Capillaren und auch einzelne grössere Gefässe, letztere besonders in den Inseln der Markkegel, eine dichte Anschoppung mit Blut, und hier konnten auch mit vollster Sicherheit Blutkörperchen ausserhalb der Gefässe, in dem Interstitialgewebe der Niere, nachgewiesen werden. Ferner erlaube ich mir noch auf die Schwellung und Verdickung der Nierenkapsel und des pericapsulären Gewebes hinzuweisen, die wohl füglich als Beginn einer entzündlichen Reaction dieser Theile gedeutet werden dürfen, hervorgerufen durch den Reiz des nekrotischen Processes in den Nieren selbst.

Doch so wohl diese Ueberlegung verwerthet werden kann für die ganz kleinen einfach umschriebenen Atrophien, die man nicht selten als „stippchenartige Einziehungen" der Oberfläche in den Nieren bei chronischer Valvulärendocarditis antrifft, so kann sie doch selbstverständlich in keiner Weise herangezogen werden, wenn es gilt, das Ausbleiben der Hämorrhagie nach Verstopfung einer ganzen A. fossae sylvii, eines grossen Nierenarterienastes oder gar des Hauptstammes selber zu erklären; und es liegt auf der Hand, dass dies von ganz anderen Dingen abhängig sein muss.

Doch wird man nach diesen nicht lange zu suchen haben, wenn man sich einestheils einiger Erfahrungen erinnern will, welche wir aus den früheren Versuchen über die Wirkungen einer zeitweiligen Absperrung der Circulation auf die Gefässe gewonnen haben, und andererseits dessen gedenkt, dass es der Venenstrom ist, durch welchen die Anschoppung der Gefässe des embolisirten Bezirks bewirkt wird, mithin alle die Schwankungen und Ungleichmässigkeiten, denen der Venenstrom unterworfen ist, auch für diesen Vorgang, und voraussichtlich noch in erhöhtem Maasse in Betracht kommen. Vorab möchte ich sogleich auf einen Punkt die Aufmerksamkeit richten, dass nämlich hinter einer Embolie einer grösseren Endarterie beim Menschen und den Säugethieren das Blut in den grösseren aus dem obturirten Bezirk abführenden Venen gerinnen kann. In der Froschzunge geschieht das nicht, sehr wahrscheinlich, wie wir gesehen haben, weil die Venen absolut zu klein sind, als dass nicht wenigstens sehr lange Zeit hindurch der gerinnungshindernde Einfluss der Gefässwand über die gerinnungsbefördernde Momente des Blutstillstands, resp. der verlangsamten Strömung in ihnen die Oberhand behielte. Anders aber liegt das für menschliche Venen vom Kaliber der in Rede stehenden Pulmonal- oder Nierenvenenäste oder vollends der V. renalis selbst. Hier ist es sehr wohl denkbar und sogar recht wahrscheinlich, dass z. B. das Blut, welches nach plötzlichem Verschluss der A. renalis zunächst ruhig in der Nierenvene stagnirt, alsbald gerinnt und fest wird: aber selbst wenn dies nicht sogleich geschieht, wenn vielmehr die Stagnation durch den rückläufigen Strom abgelöst wird, oder aber wenn dieser, bei zuvor entleerten Capillaren und Venen des embolisirten Gebiets von vornherein in allmählicher Weise vor sich geht, so kann auch dies so langsam und rückwärts fliessende Blut sehr leicht thrombosiren. In der That habe ich wiederholte Male die V. renalis von Kaninchen, denen ich die Nierenarterie in rascher Operation ligirt hatte, bei der unmittelbar nach dem spontanen oder gewaltsamen Tode der Thiere ausgeführten Autopsie von festen Thromben ausgefüllt gesehen. Dass aber eine solche Thrombose, besonders wenn sie bald nach der Arterienverstopfung sich ausbildet, jeder ferneren Anschoppung und damit auch Infarcirung ein unüberwindliches Hinderniss in den Weg stellt, das leuchtet ohne Weiteres ein. Denn sobald es dazu gekommen, so befinden sich die Gefässe des embolisirten Bezirks zwischen einem festen Verschluss auf der arteriellen und einem gleichfalls festen auf der venösen Seite, dasjenige Blut, das in ihnen dann enthalten ist, gleichviel ob wenig ob viel, steht absolut ruhig, ohne alle und jede Bewegung, und jetzt mag der Destructionsprocess an den Wandungen dieser Gefässe noch so gleichmässig und intensiv vor sich gehen, so wird bei dem Mangel jeglichen Druckes und jeder Bewegung doch eine Blutung ebensowenig eintreten können, als in der abgebundenen Froschzunge oder dem Kaninchenohr, so lange die Ligatur liegt. Schliesslich wird einfach das stagnirende Blut in den vollends abgestorbenen Gefässen fest werden und weiterhin der allgemeinen Nekrobiose mit verfallen.

Doch auch ausser dieser Thrombose der Venen des embolisirten Bezirks kann Mancherlei der Anschoppung und secundären Infarcirung hinderlich sein. So wird schon ganz einfach die mechanische Situation, der Sitz und die Lage des betroffenen Organs auf den Vorgang von Einfluss, und selbst von ganz erheblichem Einflusse sein müssen. Denn der rückläufige Venenstrom wird begreiflicher Weise sehr viel leichter vor sich gehen, wenn derselbe durch die Schwere begünstigt wird, als wenn er derselben entgegen fliesst. Wie wechselnd und verschiedenartig die Verhältnisse aber allein hierdurch schon beim Menschen sich gestalten können, dafür bedarf es wohl kaum eines Hinweises. Ob der Kranke aufrecht geht oder sitzt oder vollends, wie wohl meistens in den hier in Betracht kommenden Fällen, liegt, ob er dann auf dem Rücken oder auf der Seite und auf welcher Seite er liegt: alle diese, scheinbar gleichgiltigen Momente können doch füglich auf die Entstehung einer Anschoppung von maassgebendstem Gewicht sein. Wenn z. B. ein Kranker, dem die A. renalis sinistra total obturirt ist, anhaltend, aus irgend einem Grunde, auf der rechten Seite liegt, so wird der rückläufige Strom von der V. cava adscendens in die V. renalis sinistra nur sehr unvollständig und schwach vor sich gehen, weil er das Blut, entgegen der Schwere, in die höher liegende Niere hinauftreiben müsste. Ganz besonders werden diese Umstände für das Gehirn mit seiner sehr eigenthümlichen Gefässeinrichtung zur Geltung kommen. Denn bekanntlich korrespondiren hier die Venen nicht mit den Arterien und verlaufen nicht gleichgerichtet, vielmehr, während letztere von der Basis her eintreten und sich verästeln, nehmen jene im Allgemeinen die Richtung gegen die Convexität nach den Sinus hin, in die sie ja schliesslich ihr Blut abführen. Würde nun der Mensch, dem ein grosser Ast der A. fossae Sylvii oder einer anderen Hirnarterie durch einen Embolus plötzlich verschlossen wird, aufrecht bleiben, so könnte es je nach dem Verlauf der von diesem Bezirk abfliessenden Venen schon sehr zweifelhaft und in jedem Falle besonders zu überlegen sein, ob ein rückläufiger Strom mit Leichtigkeit und einiger Lebhaftigkeit zu Stande kommen kann oder nicht: nun kommt aber hier noch immer hinzu, dass ein von diesem Accidens getroffener Patient umfällt und bettlägerig wird, und nun wird es für den rückläufigen Strom von Bedeutung sein, ob der Kranke den Kopf nach hinten gebohrt hält, oder vielleicht anhaltend auf einer Seite u. dgl., kurz es liegt auf der Hand, dass der Schwankungen hier so viele möglich sind, dass im Voraus das Resultat gar nicht zu berechnen ist.

Weiterhin wird auch die Energie der Herzkontraktionen nicht ohne Einfluss auf den Ablauf und die Stärke der Anschoppung sein. Denn es leuchtet ein, dass bei kräftiger Herzaction auch der positive Druck in den Venen beträchtlicher ist, als im entgegengesetzten Falle, mithin eine Anschoppung und Infarcirung rascher und müheloser hinter einer verstopften Arterie sich ausbilden wird. Gerade dieser Umstand muss begünstigend wirken für die Infarcte, welche z. B. im Verlauf einer Aortenendocarditis mit consecutiver excentrischer Hypertrophie des linken Ventrikels so überaus häufig in der Milz und der Niere entstehen; während im Gegensatze dazu Pfröpfe, welche aus Parietalthromben des Herzens stammen, leichter einmal einfache Nekrose ohne Anschoppung und Blutung bewirken werden. Denn die Paritealthrombosen sind wenigstens häufig genug combinirt mit und eigentlich erst die Wirkung von Herzschwäche, die dann ihrerseits auch eine Herabsetzung des Venendrucks zur Folge hat; was Alles ganz besonders von den ganz grossen Herzthromben gilt, die eben allein geeignet sind, das Material für eine Embolie einer A. renalis selbst oder einer Iliaca zu liefern.

Ein ferneres, sehr beachtenswerthes Moment für die Wirkung einer Embolie, ob Nekrose oder ob Infarct, scheint mir dann noch in dem Verhalten des Blutes in dem Gefässbezirk hinter dem Pfropf zu liegen. Wir sind bisher immer von dem Gedanken ausgegangen, dass die Embolie, gleichviel ob sie plötzlich oder allmählich zu Stande gekommen, doch immer eine totale, wirklich obturirende ist, und haben für diesen, in der That häufigsten und wichtigsten Fall statuirt, dass hinter dem Pfropfe zunächst absolute Ruhe, und demnächst in Folge der Druckdifferenz zwischen diesem Gefässgebiet und den benachbarten Venen, ein rückläufiger Strom aus diesem in jene sich einleiten muss. Nun ist aber unzweifelhaft noch eine Modification dieses Verhaltens möglich. Nicht jede Embolie ist nämlich, wie bekannt, von vornherein eine total obturirende, sondern gar nicht selten sitzt ein Pfropf an einer Stelle fest, über die er nicht mehr hinaus kann, und die er trotzdem nicht vollständig ausfüllt; was z. B. bei Embolis, die nicht von ganz nachgiebigem Stoffe sind, als Bröckeln von Herzklappen u. dgl., recht leicht passiren kann. Meistens freilich wird diese partielle Verstopfung ein vorübergehendes Stadium sein, da regelmässig in kurzer Zeit um den Pfropf neue Thromben sich niederschlagen und so die Embolie zu einer wirklich und total obturirenden machen werden. Bis es aber dahin gekommen — und darüber kann doch immerhin eine Reihe von Stunden vergehen — wird die Circulation in dem von der verstopften Arterie gespeisten

Gefässgebiet nicht ganz erloschen sein, sondern nur mehr oder weniger geschwächt, herabgesetzt in der Geschwindigkeit und in der Menge des strömenden Blutes. Ganz den gleichen Effect muss es haben, wenn in die arteriellen Verästelungen jenseits der Verstopfung zwar noch freie Anastomosen einmünden, dieselben indess zu klein sind, um eine ausreichende Menge von Blut in und durch das betreffende Gebiet zu leiten: ein Fall, der z. B. bei dem Totalverschluss der A. renalis eintreten muss, weil hier allerdings noch die Kapselarterien vereinzelte Anastomosen mit den Aesten der Renalis selbst eingehen, diese aber bei Weitem nicht ausreichen, um das Gefässsystem der Niere mit einer auch nur annähernd genügenden Menge von Blut zu versorgen, und zwar ganz gewiss nicht in der ersten Zeit nach dem Verschluss der Hauptarterie. Bei längerer Dauer dieses Verhältnisses würde freilich, ebenso wie bei sehr chronischem, allmählichem Entstehen desselben, recht wohl denkbar sein, dass solche Anastomosen, die in dieser Richtung wirklich eine ganz erstaunliche Leistungsfähigkeit beweisen, doch für jene Aufgabe ausreichend werden; Anfangs aber wird jedenfalls auch hier die Folge sein, wie bei den Partialverstopfungen, dass in dem embolisirten Gefässbezirk immer noch eine, freilich nach Menge, Geschwindigkeit und Druckstärke sehr geschwächte Circulation erhalten ist. Eine Circulation, die nicht genügt, um die Ernährung und Functionirung, kurz die Integrität des Organs zu erhalten, die aber sehr wohl ausreicht, um den rückläufigen Venenstrom zu erschweren. Denn wenn letzterer der Effect der Druckdifferenz zwischen den offenen, regelmässig durchströmten Venen und dem embolisirten Gefässbezirk ist, so muss selbstverständlich jede, wenn auch noch so geringfügige Bewegung in letzterem, vermöge deren der Druck doch immer grösser als 0, d. i. positiv ist, für den Rückfluss ein Hinderniss sein. So kann also auch in diesen Umständen eine Veranlassung gegeben sein, dass hinter der Embolie einer Endarterie wohl eine Nekrose, nicht aber ein Infarct entsteht, und zwar um so leichter, als hier die zeitlichen Verhältnisse der Aufeinanderfolge der verschiedenen Vorgänge eine, und zwar meiner Meinung nach, sehr bedeutende, vielleicht die geradezu wichtigste Rolle spielen.

Wenn nämlich, wie wir oben zu begründen versucht haben,

ein Infarct das combinirte Resultat ist von Ernährungs- und Functionsstörung der Gefässe und rückläufiger Anschoppung, so ergiebt sich daraus weiter, dass derselbe nur dann entstehen kann, wenn der rückläufige Blutstrom noch zu einer Zeit auftritt, wo die Schädigung der Gefässe noch keinen zu hohen Grad erreicht hat. Denn wir haben ja in der früheren systematischen Versuchsreihe als Folgen einer zeitweiligen Absperrung der Blutzufuhr vier Stadien der Functions- und Ernährungsstörung der Blutgefässe kennen gelernt, welche sich darin kundgeben, dass 1) nur eine rascher oder langsamer vorübergehende Erweiterung der Gefässe eintritt, 2) Oedem mit Emigration, 3) Blutungen und 4) absoluter Stillstand und Aufhören der Blutbewegung, zuletzt der Art, dass das Blut nicht einmal mehr in die Arterien, geschweige denn Venen und Capillaren vorwärtsgetrieben wird. Hiernach aber leuchtet sogleich ein, dass, soll eine Infarcirung zu Stande kommen, der rückläufige Venenstrom vor sich gegangen und eine grössere Blutmenge in den embolisirten Gefässbezirk hineingetrieben haben muss, bevor das 4. Stadium der Gefässdestruction begonnen hat. Nun aber wolle der Leser sich einestheils der ganz vor Kurzem besprochenen Umstände erinnern, welche so leicht dem venösen Rückstrom hinderlich werden können, als die Wirkung der Schwere, die Herzschwäche, das Vorhandensein eines, wenn schon an sich sehr ungenügenden Blutstroms im embolisirten Bezirk, andererseits aber die grossen Differenzen in's Auge fassen, welche aus unseren Absperrungsversuchen in Betreff der Widerstandsfähigkeit der Gefässe verschiedener Organe sich herausgestellt haben! Dieselbe Zeit der Absperrung, welche beim Hoden genügt, eine intensive blutige Infarcirung herbeizuführen, reicht beim Ohr des Kaninchens höchstens dazu aus, ein mässiges Oedem zu erzeugen; und in einer abgeschnürten Darmschlinge stellt sich die Circulation gar nicht wieder her, wenn die Absperrung eine Zeit gedauert hat, nach der die Ohrgefässe kaum eine vorübergehende Erweiterung erleiden würden. Eine vollständige Skala der verschiedenen Organe nach dieser Richtung bin ich allerdings nicht in der Lage aufzustellen, da meine Versuche dazu nicht ausgedehnt genug gewesen sind, an manchen Orten wohl auch auf unüberwindliche Schwierigkeiten stossen würden. Jedenfalls aber haben wir den Darm und in noch höherem Grade die Niere als Organe kennen gelernt, in denen die Gefässe eine nur sehr geringe Widerstandskraft besitzen und nach Absperrung der Blutzufuhr einem rapid durch alle Stadien durchlaufenden Destructionsprocess unterliegen; und sehr wahrscheinlich ist hierher auch das Centralnervensystem zu rechnen, von dem ich übrigens bereitwillig zugestehe, dass ich das nicht aus directen Versuchen weiss, vielmehr zu dieser Annahme lediglich durch Analogieschlüsse von anderen Erfahrungen am Gehirn und Rückenmark geleitet werde. Nichts ist aber bei Organen mit so wenig resistenzfähigen Gefässen leichter denkbar, als dass nach einer Arterienverstopfung jener vierte und letzte Grad der Destruction derselben bereits eingetreten ist, bevor noch der venöse Rückstrom einigermaassen ansehnliche Dimensionen erreicht hat, und in allen den Fällen, wo diesem Rückstrom noch besondere Hemmnisse sich entgegenstellen, ist es eher wahrscheinlich als das Gegentheil, dass in diesen Organen die Embolie einer Endarterie eine einfache Nekrose und nicht einen Infarct zur Folge hat.

Wir haben nun auf den vorhergehenden Seiten so viele und verschiedenartige Momente kennen gelernt, welche die Entwickelung eines Infarcts hintanhalten können, dass man fast sich darüber wundern möchte, dass derselbe noch so oft, wie es wirklich der Fall ist, zur Beobachtung kommt. Die anatomische Einrichtung von Endarterien und der Mangel an Venenklappen sind eben nur, so möchte man die Sachlage jetzt wohl am richtigsten characterisiren, die unerlässlichen Vorbedingungen für eine Infarcirung; dass es aber in Wirklichkeit zu letzterer kommt, das hängt noch von vielerlei Nebenumständen ab, deren Erörterung gerade die letzten Blätter gewidmet waren. Am günstigsten scheinen sich in dieser Beziehung die Verhältnisse immer in den Lungen zu gestalten, in denen meines Wissens die Verstopfung eines Lungenarterienastes, sobald sie überhaupt einen Effect hat, d. h. sobald dieser Ast eine Endarterie in dem oben näher definirten Sinne ist, immer einen echten Infarct und niemals eine einfache Nekrose zur Folge hat. Nirgends aber liegen die Verhältnisse des Blutdrucks in den Venen günstiger und förderlicher, als hier, nirgend sonst wird die Schwere dem Rückfluss so wenig hinderlich sein, während im Gegentheil in den unaufhörlichen Respirationsbewegungen des Organs ein sehr gewichtiger Factor für die lebhafte Bewegung des Blutes nach allen Richtungen hin gegeben ist, die ihm überhaupt offen stehen, d. i. also auch rückwärts nach dem embolisirten Bezirk hin; dazu kommt denn, dass, nach den Froschversuchen zu schliessen, die Gefässe der Lunge zwar denen der Zunge u. a. an Widerstandsfähigkeit nicht gleichkommen, aber doch auch nicht zu den allerzartesten gehören. Demnächst ist, worauf ich bereits mehrfach hingewiesen, die Milz das Organ, in dem die Arterienverstopfung so gut wie jedesmal einen echten hämorraghischen Infarct erzeugt. Freilich ist, so viel mir bekannt, eine Totalembolie der A. lienalis noch nicht gesehen worden, so dass wohl ein Zweifel gestattet ist, ob auch dann die consecutive Nekrose mit Hämorraghie sich combiniren würde; Verstopfungen von einzelnen Arterien innerhalb eines bestimmten Organs werden aber, das ist ein allgemeiner Grundsatz, der mithin auch für die Milz Geltung hat, immer leichter eine Infarcirung herbeiführen, schon weil sich hierbei nicht so leicht ein mechanisches, durch die Lage bedingtes Erschwerungsmoment des venösen Rückflusses entfalten kann. Was aber wohl mehr als alles Andere an der auffälligen Häufigkeit, man kann fast sagen, Constanz der wirklichen Infarcirungen nach Embolien der Milzarterien die Schuld trägt, das ist ganz gewiss die eigenthümliche histologische Einrichtung des capillaren Gefässsystems in dem in Rede stehenden Organe. Allerdings ist mir sehr wohl bekannt, dass ich hier einen Punkt berühre, der noch Gegenstand der Controverse unter den Anatomen ist; doch wenn man auch nicht ganz so weit zu gehen geneigt ist, wie W. Müller, der bekanntlich ein wandungsloses System intermediärer Blutbahnen zwischen Arterien und Venen der Milz annimmt, so ist doch darüber die Uebereinstimmung unter den Autoren ziemlich allgemein, dass hier nicht ein vollständig geschlossenes Capillarsystem, wie im übrigen Körper, vorliegt. Somit kann es uns auch nicht Wunder nehmen, wenn rascher und sicherer, als irgendwo sonst, der rückläufige Venenstrom hier zu Extravasation und „Infarcirung" des eigentlichen Milzgewebes führt, und wenn dieser Vorgang andererseits hier auch länger anhält, selbst bis in eine Zeit, wo in anderen

Organen der inzwischen eingetretene vierte Grad der Gefässdestruction jede weitere Anschoppung und Blutung unmöglich machen würde. — Weiter sind Nieren und Gehirn schon in den obigen Auseinandersetzungen selbst vielfach zum Belege und behufs der Klarlegung herangezogen worden. Gerade an diesen beiden Organen habe ich die Bedeutung der Schwerkraft für die Ausbildung der Infarcirung darzulegen versucht, gerade hier auch auf die Wirkung eines geringfügigen Circulationsrestes im embolisirten Gefässgebiet hingewiesen, und endlich an ihnen gezeigt, welchen Einfluss die zeitliche Aufeinanderfolge der betreffenden Vorgänge haben muss; nicht minder endlich wird gerade hier auch die Energie der Herzkraft, resp. ihr Gegentheil, in Betracht kommen. Nimmt man hierzu aber das vorhin gelegentlich der Milz hervorgehobene Princip, dass, mit Rücksicht auf die Leichtigkeit der rückläufigen Blutbewegung, Verstopfungen von Arterienästen innerhalb eines Organs für die Infarcirung förderlicher sein müssen, als der Verschluss der dasselbe versorgenden Hauptader, so wird man es nach Allem hinfort durchaus begreiflich finden, dass nach der Ligatur oder der Embolie des Hauptstamms der A. renalis eine einfache Nekrose oder höchstens eine Mischung von Nekrose mit mehr weniger vorgeschrittener Anschoppung, resp. Infarcirung (vgl. den obigen Fall p. 73), nach der Embolie von Arterienzweigen innerhalb der Niere selbst oftmals ein hämorraghischer Infarct, bisweilen aber auch eine einfache Nekrose sich entwickelt. Ganz das Gleiche gilt vom Gehirn, wo freilich, wie bereits oben betont, in jedem einzelnen Falle die Bedingungen sich so verschiedenartig und complicirt gestalten können, dass nur eine detaillirte Analyse Einem klare Einsicht verschaffen und in Wahrheit von vornherein kaum mehr als das Eine ausgesagt werden kann, dass nämlich mit der Grösse der verstopften Arterie auch die Wahrscheinlichkeit einer einfachen Nekrose (gelbe oder gelbweisse Erweichung) wächst, gegenüber der Complication mit Hämorraghie. — Dass auch für die Retina die obigen Ueberlegungen die gleiche Geltung haben, wie für das Gehirn, liegt auf der Hand; auch hier wird es ganz wesentlich davon abhängen, ob der Kranke nach der Embolie der Centralarterie aufrecht bleibt, oder auf dem Rücken liegt, den Kopf nach hinten oder aber nach einer Seite, und welcher, gewendet, ob ferner im Körpervenensystem allgemein ein grösserer oder geringerer positiver Druck herrscht, davon, sage ich, wird es abhängen, welchen Effect der Verschluss der Centralarterie hat. Die Destruction der Gefässe geht sicher nach der Absperrung der Blutzufuhr auch in der Retina sehr rasch vor sich, und so kann jede der soeben erwähnten Erschwerungen des Rückstroms in der V. centralis es mit sich bringen, dass eine einfache Nekrose der Netzhaut auf die Embolie folgt, ohne alle Blutungen, die unter anderen Umständen so oft das Bild der Embolie der A. centralis retinae compliciren.

Noch über einige andere Punkte aber, welche bisher in der Lehre von dem embolischen Processe unverständlich waren, ist, wie ich glaube, durch die bis hierher gewonnenen Ergebnisse Klarheit verbreitet worden. Hierzu rechne ich zuerst den mehrerwähnten Umstand, dass die Infarcte keineswegs unmittelbar nach der Embolie der Arterie entstehen, vielmehr erst einige Zeit hinterher zur Beobachtung kommen. So lange man die arterielle collaterale Fluxion zu ihrer Erklärung heranzog, musste diese Thatsache durchaus räthselhaft erscheinen, da ja unbestreitbar die Energie dieser Fluxion die höchste sein muss unmittelbar nach der Verstopfung, und jede von hier aus drohende Gefahr mit der längeren Dauer immer geringer werden muss. Um so natürlicher aber ist dieses Verhalten, wenn, wie wir jetzt wissen, der venöse Rückfluss es ist, der in langsamem Vordringen die Anschoppung und in Folge gleichzeitiger Gefässdestruction die Blutung bewirkt. — Dahin rechne ich ferner eine anatomische Erfahrung, die gewiss schon manchen pathologischen Anatomen befremdet haben wird, jedenfalls alle die, welche, wie ich, das Glück und den Vorzug genossen haben, von der Meisterhand Virchow's in der pathologisch-anatomischen Präparation und Technik unterrichtet zu werden: dass nämlich bei einem hämorrhagischen Lungeninfarct der arterielle Embolus keineswegs genau die Spitze des schwarzrothen Keils einnimmt, vielmehr stets ein Wenig zur Seite derselben gesessen ist. Es erklärt sich dies jetzt ohne Weiteres daraus, dass das infarcirte Gebiet erst indirect der Ausbreitung der Arterie, direct vielmehr der Verästelung der Lungenvene entspricht, welche beiden

Gefässsysteme, wie bekannt, in der Lunge nicht unmittelbar nebeneinander verlaufen, sondern in ihren Verzweigungen immer durch Lungengewebe getrennt erhalten werden. Von weit durchschlagenderem Interesse aber scheint es mir, dass jetzt die bestimmte Erklärung dafür gewonnen ist, warum die hämorraghischen Infarcte immer nur in der Lunge, der Milz, den Nieren und, wenigstens in Gestalt von Hämorraghien überhaupt, im Gehirn und der Retina angetroffen werden, und nicht auch in den anderen Bezirken des Körpers. Für die Embolien der Lungenarterien giebt es ausser den Thromben der rechten Herzhälfte eine so reichliche Quelle in den thrombotischen Processen der Venen, und so kann es an sich nicht überraschen, dass in der Lunge Infarcte absolut viel häufiger uns begegnen, als irgendwo sonst. Aber nehmen wir statt dessen die Processe, welche auf der Seite des grossen Kreislaufs zu Verstopfungen der Arterien führen können, als da sind die linksseitigen Endocarditiden, die Thromben dieser Herzhälfte und die mit thrombotischen Niederschlägen einhergehenden Veränderungen in der Aorta, so ist doch a priori, worauf ich schon Eingangs dieser Arbeit hindeutete, ganz und garnicht abzusehen, wesshalb losgerissene Pfröpfe nicht ebenso gut in alle möglichen Arterien fahren sollten, als gerade in die Lienalis oder Renalis, in die Art. fossae Sylvii oder gar die A. centralis retinae. In der That mag die anatomische Einrichtung, die Art des Abgangs eines arteriellen Seitenastes von einem grösseren Gefäss wohl hier und da dazu beitragen, dass in einzelne arterielle Zweige Pfröpfe besonders leicht oder im Gegensatze besonders schwer hineingelangen: so wird z. B Niemand erwarten, dass ein kleiner Pfropf, der in die linke Nierenarterie gefahren ist, nun aus dieser sich in die rechtwinklig von ihr abtretende so viel feinere Spermatica interna begeben solle, statt den viel bequemeren Weg in die Niere selbst fortzusetzen. Aber kann Jemand es im Ernst für wahrscheinlich halten, dass das grosse Gebiet der Schenkelarterien nicht mindestens ebenso leicht und häufig von Pfröpfen erreicht wird, als die Lienalis, und dass gerade die genannten Arterien wirklich mit besonderer Vorliebe von den Embolis sollten aufgesucht werden? Dass dem in der That nicht so ist, das beweist, wie ich auch schon an derselben Stelle betont habe und wie wir weiter unten noch werden des Eingehenderen zu erörtern haben, in nicht zu missdeutender Weise das Vorkommen embolischer Abscesse und Entzündungen in allen möglichen Organen, in den Muskeln so gut, wie in der Leber, im Hoden, wie in der Pia mater, d. i. also auch an Orten, die niemals der Sitz von hämorraghischen Infarcten werden: oder sollten wir etwa annehmen, dass specifisch wirkende, reizende Pfröpfe überall hin transportirt werden können, nicht aber die einfachen? Nein, zu allen derartigen gezwungenen und unnatürlichen Hypothesen ist kein Grund vorhanden: die Pfröpfe werden in Wirklichkeit vom Herzen oder der Aorta überall hin transportirt, ohne dass eine einzige Arterie ganz davon ausgeschlossen wäre, und wenn wir sie nichtsdestoweniger nur in der Milz, den Nieren, dem Gehirn und der Retina finden, so liegt das lediglich und allein daran, dass sie nur an diesen Orten eine Wirksamkeit entfalten und einen Effect erzielen, der zu ihrer Entdeckung führt. Denn der Umstand, dass im ganzen übrigen Körper ausser den vielgenannten Organen, die Anastomosen im Arteriensystem so reichlich existiren, dass Endarterien eben nirgend sonst vorhanden sind, dieser Umstand bewirkt, dass eine Verstopfung von Arterien in allen diesen Körpertheilen ein gleichgiltiges und unschuldiges Phänomen, ohne alle anatomischen Folgen, ist. Es müsste denn sein, dass die Verstopfung die allergrössten Arterien betrifft, deren auch nur zeitweiliger Ausfall, bis zur vollen Herstellung der collateralen Circulation, für den Körper verderblich ist. Dazu zähle ich die Aorta abdominalis selber oder auch schon die A. iliaca, besonders wenn der Pfropf, wie in dem citirten Falle, zugleich in die Hypogastrica und bis in den Anfang der Profunda femoris hineinreicht; ist bei einem Individuum, dem solcher Unfall widerfährt, zugleich die Herzkraft geschwächt — und Angesichts der beiden Processe, die füglich allein dieses Ereigniss herbeiführen können, grosse Perietalthrombosen des Herzens und Aortenanaurysma, wird das wohl meistens der Fall sein —, so wird vollends die Herstellung der Circulation durch collaterale Hülfe so langsam sich ausbilden, dass inzwischen die Ernährung der Extremität in erheblichster Weise kann beeinträchtigt sein. Die Folge solcher Hauptverstopfungen ist dann auch hier Absterben, Nekrose, und entweder trockener oder feuchter

Brand, Mumification oder Gangrän, aber niemals kann es dabei Hämorraghie geben, da die Venenklappen jeden rückläufigen Strom mit unfehlbarer Sicherheit verhindern. Dass aber ähnliche verderbliche Ereignisse nicht auch bei den grossen Drüsen, als dem Pankreas, den Speicheldrüsen etc. zur Beobachtung kommen, wenn einmal ein Pfropf in ihre Hauptarterie geräth, dem ist durch die überall mehrfache Versorgung der Drüsen mit zutretenden Arterien in ausreichendster Weise vorgebeugt. So wird denn nur ganz ausnahmsweise in allen Gefässbezirken, ausser den oft genannten, eine einfache Verstopfung der Arterien eine bleibende anatomische Wirkung hervorrufen können, und lediglich daran liegt es, dass alle diese Emboli sich ganz unserer Recognition entziehen. Würde man bei jeder chronischen Aortenendocarditis alle Arterien der Muskeln, der Knochen, der Drüsen, der Haut etc. sorgfältig durchmustern, so zweifle ich nicht, dass man an nicht wenigen dieser Stellen ebenso gut auf alte, vermuthlich organisirte Emboli stossen würde, als in der Milz und der Niere auf die Fibrinkeile und Infarctnarben.

Nun aber bietet sich eine sehr einfache und natürliche Probe auf die Richtigkeit der vorgetragenen Anschauungen, durch die, wie ich denke, auch ein Punkt seine Erledigung finden wird, dessen Erwähnung vielleicht schon Mancher von den Lesern vermisst haben mag. Unter den Organen nämlich, in denen im Gefolge einer Embolie Infarcirung und Blutung sich entwickelt, haben wir bisher mit keiner Silbe des Darms gedacht, während doch in der Literatur eine ganze Zahl von Fällen der Verstopfung der A. mesaraica mitgetheilt ist, in denen intra vitam Blut per anum entleert und nach dem Tode eine blutige Infarcirung der embolisirten Darmschlinge constatirt worden ist. Nun sind zwar die Venen des Darms und des Mesenterium klappenlos, mithin würde von dieser Seite einer rückläufigen Anschoppung um so weniger ein Hinderniss im Wege stehen, als bekanntlich das Blut der Darm- und Mesenterialvenen vermöge des zweiten Pfortaderkreislaufs unter einem erheblich grösseren Druck steht, als irgend ein anderes Venengebiet des Körpers; auf der andern Seite giebt es aber kaum ein Organ, innerhalb dessen die arteriellen Anastomosen so zahlreich, so regelmässig und vollkommen eingerichtet sind, als es hier der Fall ist. Im Mesenterium zuerst die mehrfachen Arkadenreihen, denen dann in der Muscularis, der Submucosa und noch der Schleimhaut selbst die vielfältigsten arteriellen Anastomosen sich anschliessen. Wenn irgendwo, so sollte man demnach hier erwarten, dass eine Verstopfung eines, wenn auch noch so grossen Astes der Mesaraica ein wirkungsloses und gleichgiltiges Ereigniss sei. In der That, man unterbinde einem jungen Hunde oder Meerschweinchen nach Eröffnung der Bauchhöhle in der Linea alba, irgend einen grösseren Zweig der Mesaraica, und man wird, wenn das Thier, wie es meist geschieht, den Eingriff überlebt, weder kurze noch lange Zeit hinterher auch nur die geringste Spur einer Störung an der zugehörigen Darmschlinge entdecken, vielmehr höchstens die Zeichen eines leichten umschriebenen peritonitischen Processes finden, der eine natürliche Folge der Operation selbst ist. Um so lebhafter aber drängt sich bei dieser Sachlage die Frage auf, wie die Entwicklung einer Infarcirung des Darms nach Embolie der Mesaraica zu erklären ist.

Meiner Meinung nach liegt die Erklärung dafür in dem Umstande, dass in den in Rede stehenden Fällen jedesmal nicht blos ein grösserer Ast selbst, sondern auch die arteriellen Anastomosen verstopft sind, welche zwischen dem ersten Embolus und den Capillaren der Darmwand in die verstopfte Hauptarterie münden. Denn schon mehrmals habe ich an früheren Stellen dieser Abhandlung darauf hingewiesen, dass der gleichzeitige Verschluss der jenseitigen Anastomosen auch bei einer Arterie, die ursprünglich nicht Endarterie ist, denselben Effect hervorrufen muss, wie wenn dieselbe ein der Collateralen entbehrendes Endgefäss wäre; so wird der Leser sich erinnern, dass wir durch Unterbindung der vorderen mittleren Anastomose in der Froschzunge jede der beiden seitlichen Lingualarterien beinahe zu einer vollständigen Endarterie umgestalteten, deren Ligatur eine Anschoppung und selbst Infarcirung der betreffenden Zungenhälfte zur Folge hatte. Die eigenartige, so regelmässig sich wiederholende dichotomische Theilung der Verästelungen der Mesaraica, die dann ihrerseits die bogenförmig verlaufenden Verbindungen mit den Nachbararterien eingehen, muss, wie auf der Hand liegt, in hohem Grade es begünstigen, dass Stücke von einem grösseren primären Pfropf losgerissen und nun weiter zum Darm vorwärts geschleppt werden, um hier vielleicht einem neuen Zertrümmerungs- und Zerstreuungsprocess zu unterliegen: ein Verhalten, das der 2. und 3. Fall Ponfick's*) in ganz typischer Weise erläutern. Sobald nun diese gleichzeitige Obturation der Collateralen geschieht, wird auch die Infarcirung nicht ausbleiben, ganz besonders wenn dieser ganze Vorgang der vielfachen Embolisirung in kurzer Frist hintereinander vor sich geht, so dass die Destruction der Darmcapillaren und Venen nicht früher ihr letztes Stadium erreicht, ehe der rückläufige Venenstrom kräftig eingesetzt hat. Diesen Hergang künstlich durch Einspritzung einer grösseren Masse der Wachsemulsion in einen Ast der Mesaraica beim Hunde zu erzeugen, hat mir allerdings nicht recht gelingen wollen. Denn, wie ich bereits oben bei Besprechung der capillären Embolien hervorgehoben, eine geringe Quantität der Wachskügelchen ist vollkommen wirkungslos; sobald aber die Menge der injicirten Emulsion so beträchtlich gewesen, dass dem Spritzendruck ein starker Widerstand sich entgegenstellte, so war die Folge eine rasche totale Nekrose der Darmwand, zuerst und am weitesten vorgeschritten natürlich der Schleimhaut, die ja mit den Verdauungsflüssigkeiten in directem Contact steht, un¹ die in ganz kurzer Zeit grosse Substanzverluste erleidet; dagegen stellte eine Hämorraghie erheblicherer Art sich nicht ein; wie mir scheint, weil bei diesem Verfahren auch die grösste Mehrzahl der Darmcapillaren von Wachskügelchen verstopft wurden, die sich selbst noch in Lebercapillaren nachweisen liessen; vielleicht spielte hier auch gerade das Moment der ungenügenden, aber doch nicht ganz erloschenen Circulation hinter der Arterienverstopfung (vgl. p. 82) eine Rolle. Wenigstens spricht meines Erachtens in diesem Sinne der Umstand, dass die Capillaren desjenigen Bezirkes des Gekröses, innerhalb dessen die Verästelung der embolisirten Arterie lag, vielfältig von Blutungen eingescheidet und begleitet waren. Viel schlagender aber gestalteten sich Versuche der Ligatur an dieser Stelle. Denn es konnte mir zwar nicht in den Sinn kommen, durch Unterbindung aller einzelnen anastomosirenden Seitenäste im Mesenterium und

---

*) Virch. Arch. L. p. 623.

vollends im Darm einen grösseren Zweig der Mesaraica zur Endarterie zu machen, indess liess sich augenscheinlich derselbe Zweck ohne Schwierigkeit erreichen durch Massenumschnürung einer Darmschlinge mittelst zweier Ligaturen, zwischen denen der Verästelungsbezirk eines bestimmten Zweiges der A. mesaraica sich befand; wurden bei dieser Umschnürung die letzten Arkaden sogleich mitgefasst, so bedarf es höchstens noch ein paar Einzelunterbindungen von Seitenästen im Mesenterium selber, um wirklich die gesammte Blutzufuhr zu dieser abgesperrten Darmschlinge auf den Weg des einen Mesaraischen Gefässes zu beschränken. Ist man aber in dieser Weise vorgegangen, so hat das zunächst für die betreffende Darmschlinge auch keinerlei Folgen, so wenig wie die früher erwähnte Einzelunterbindung des zuführenden Zweiges der A. mesaraica sie hat; selbstverständlich abgesehen davon, dass nach einiger Zeit die Unterbrechung der Continuität des Darms eine allgemeine Peritonitis erzeugen muss. Sobald man aber ausser den beiden Massenligaturen um die Darmschlinge den zugehörigen Ast der A. mesenterica verschliesst, so entsteht in weniger als zwei bis drei Stunden eine typische hämorraghische Infarcirung der Darmschlinge und ihres Gekrösabschnittes. Viel schwieriger ist, so paradox dies Anfangs erscheinen mag, eine solche Infarcirung durch Ligatur der entsprechenden Mesenterialvene zu erzielen, weil der Venenabfluss noch viel mehr durch Anastomosen und Collateralen erleichtert ist, als die Zufuhr Seitens der Arterien, und eben aus diesem Grunde, weil es eben so gut wie unmöglich ist, alle venösen Verbindungen abzuschneiden, ist der Effect der Ligatur von A. und V. mesaraica bei abgesperrter Darmschlinge kein anderer, als der des arteriellen Verschlusses allein.

Selbstverständlich aber hat diese Betrachtung nicht für den Darm und die A. mesenterica allein Giltigkeit. Vielmehr wird die gleichzeitige Verstopfung einer bestimmten Arterie und ihrer, jenseits des Pfropfes abgehenden arteriellen Collateralen an jedem beliebigen Orte wie der Verschluss einer Endarterie wirken, d. h. je nach den anderweitig gegebenen Bedingungen Nekrose oder Infarcirung nach sich ziehen. In sehr anschaulicher Weise lässt sich das am Kaninchenohr demonstriren. Denn es hat natürlich keinerlei Schwierigkeit, in die Ohrarterien eines Kaninchens Wachsemulsion einzuspritzen, sei es von der Carotis communis aus, wo man dann nur Sorge tragen muss, die Carotis interna während der Injection abzusperren, sei es, was noch weit einfacher ist und bei Thieren mit einigermaassen grossen Ohren auch mühelos gelingt, direct in die mediane Hauptarterie des Ohrs hinein. Bleiben nun die Wachskügelchen lediglich in dieser Arterie selbst oder höchstens noch in einzelnen von den Seitenzweigen stecken, ohne dass insbesondere die beiden Arterienbogen mit verlegt werden, in welche die Mediana in der Nähe der Ohrspitze sich theilt, ist mithin die Embolie nur auf einzelne Aeste des Arteriennetzes im Ohr beschränkt, mit Einem Worte partiell, so ist das für die Circulation und die Ernährung des Ohres von ebenso geringem Belang, als wenn die A. mediana an einer oder selbst mehreren Stellen unterbunden wird; die Wachskugeln bleiben einfach unbegrenzte Zeit sitzen, bald durch festen, allmählich sich organisirenden Thrombus von dem strömenden Blute abgegrenzt, wenn nicht einfach die Arterienstrecke unmittelbar um sie obliterirt. Sobald aber die Wachsemboli in alle Seitenäste und jene Bogen fahren und sie mitsammt verschliessen, so nekrotisirt das Ohr in grösserer oder geringerer Ausdehnung; der betreffende Abschnitt wird kühl, welk, beginnt am 2. oder 3. Tage zu schrumpfen, und ist am 4., 5. derartig mumificirt, dass die alsbald sich ausbildende demarkirende Entzündung in kurzer Zeit im Stande ist, jenen Theil total abzustossen. Eine concurrirende Blutung kann nicht eintreten, weil die Klappen, welche in den grösseren Venen gerade dort, wo diese die Ohrmuschel verlassen, sitzen, jeden Rückstrom verhindern, den freilich auch die aufrechte Haltung des Ohres beim Kaninchen nicht begünstigt. Doch ist das letztere Moment ganz unerheblich im Vergleich mit der Wirkung der Venenklappen; und es wird darum die Anschoppung und spätere Blutung auch nicht besonders befördert oder überhaupt hervorgerufen durch Ausreissen des Facialis derselben Seite, wonach bekanntlich das Ohr schlaff am Kopfe herabhängt.

In dieser Weise sind nun nach meiner Ueberzeugung alle diejenigen Fälle zu deuten, wo auch in einem Organ ohne Endarterie, dessen arterielle Blutversorgung vielmehr auf dem Princip reichlicher Anastomoseneinrichtung beruht, eine Embolie von anatomischen, bleibenden Folgen begleitet wird. Wie bekannt, kommt das noch am häufigsten an den Extremitäten zur Beobachtung, wo, abgesehen von der bereits oben berührten Verstopfung der ganz grossen Hauptarterien, auch Embolien sehr viel kleinerer Gefässe vorkommen, in Folge deren eine oder ein paar Zehen, in grösserer oder geringerer Ausdehnung, absterben, meist unter dem Bilde des trockenen Brandes, der Mumification, zuweilen auch, je nach der Behandlung oder sonstiger Nebenumstände, unter dem der feuchten Gangrän, immer aber ohne irgendwelche Hämorraghien und Infarcirungen. Immer ist hier der unglückliche Zufall eingetreten, dass zu gleicher Zeit die sämmtlichen zu der betreffenden Zehe tretenden Arterien obturirt sind, die grösseren Aeste und ihre seitlichen Anastomosen; ein Vorgang, der freilich auch, wie auf der Hand liegt, mit vollkommen gleicher Wirkung in der Weise sich gestalten kann, dass mehrfache Pfröpfe in die betreffenden Arterien hintereinander in grösseren oder kleineren Intervallen sich einkeilen, zwischen denen die seitlichen Anastomosen in das Gefäss einmünden: hier mag die Anastomose selbst und der nächstangrenzende Theil jener mehrfach embolisirten Arterie frei und durchgängig sein, der hinter dieser Einmündungsstelle sitzende zweite und dritte Pfropf vernichtet natürlich jeden Ausgleichungseffect der Collateralen. Dass gerade in dem Umstande, dass immer zugleich alle oder mindestens die grosse Mehrzahl der zuführenden Arterien einer unteren Extremität in ihren Häuten petrificirt oder anderweitig erkrankt und secundär thrombosirt sind, dass gerade in dieser Multiplicität der Veränderung auch die Gefahr der Entstehung der sogenannten spontanen oder senilen Gangrän begründet ist, auch das scheint mir aus den hier entwickelten Anschauungen hervorzugehen: die A. tibialis antica mag starr sein, wie eine Drahtseite, und ihr Lumen von oben bis unten ausgefüllt mit festem Thrombus, so wird die Ernährung des Fusses doch nicht im geringsten leiden, so lange die Postica sich unversehrt und in normaler Weise durchgängig erhält.

Zum Schluss dieser Auseinandersetzungen mag es mir gestattet sein, noch mit wenigen Worten bei demjenigen Organe zu verweilen, das in seiner Gefäsreinrichtung so augenfällige Verwandtschaft mit der Lunge zeigt und in dem nichtsdestoweniger niemals hämorrhagische Infarcte getroffen worden sind, nämlich der Leber. Letztere wird, wie die Lunge, von zwei Gefässsystemen versorgt, von denen das bei Weitem geräumigere, die Pfortader, auch in baumförmiger Weise sich verästelt, ohne dass ihre Zweige irgend welche Anastomosen eingehen bis zu Gefässen ganz kleinen Kalibers hin. Um so reichlicher, dichter und regelmässiger sind dagegen die Verbindungen derjenigen Gefässe untereinander, aus denen die Capillaren der Leber direct hervorgehen und welche bekanntlich als die interlobulären bezeichnet werden. Ist hiernach noch weniger als in der Lunge irgend ein Zweig der Pfortader ein typisches Endgefäss in anatomischem Sinne, so bewirkt überdies die weniger gabelige und spitzwinklige, sondern viel flachere Verästelung der Pfortader naturgemäss, dass auch functionelle Endzweige in dem oben (p. 74) für die Lunge entwickelten Sinne hier viel sparsamer vorkommen müssen; am ehesten wohl noch die Aeste, welche die an den scharfen Kanten der Leber, da wo die convexe Fläche mit der concaven zusammenstösst, belegenen Acini versorgen. In der That zweifle ich nicht, dass einfache Pfröpfe, welche in einen dieser Pfortaderzweige fahren, einen Infarct mit ziemlicher Sicherheit erzeugen würden. Wenn aber, so viel mir bekannt, ein solcher Leberinfarct noch niemals einem Pathologen zu Gesichte gekommen, nun so erklärt sich das ganz einfach daraus, dass es für einfache Emboli der Pfortaderäste Quellen fast gar nicht giebt. Die sparsamen Thromben, die wohl einmal im Gebiete der Pfortaderwurzeln, in Varicen u. dgl. sich etabliren, bleiben dort ruhig stecken, bis sie etwa von dem räthselhaften Process der puriformen Erweichung ergriffen werden — und werden sie dann losgerissen, so ist die Wirkung, die sie entfalten, eine specifische und nicht mehr die rein mechanische, die uns gegenwärtig allein beschäftigt. Dass ich aber Abstand davon genommen habe, diese meine Annahme durch einen dahin zielenden Versuch zu erhärten, das wird bei der grossen Unsicherheit, ja Unwahrscheinlichkeit, dass Pfröpfe, die in irgend eine der Pfortaderwurzeln gebracht werden, wirklich gerade in einen der Kantenäste der Vena portarum gerathen, Jedermann begreiflich finden.

IV. Der embolische Abscess.

Wir kommen jetzt zu derjenigen Gruppe von embolischen Störungen, deren Untersuchung wir absichtlich bisher bei Seite gelassen haben, nämlich den durch Embolie erzeugten Heerderkrankungen, die man kurzweg als embolische Abscesse zu bezeichnen pflegt. Dass dieselben ganz im Wesentlichen bedingt sind durch die specifische Beschaffenheit des Pfropfes selbst, das ist eine seit den ersten Arbeiten Virchow's so sicher begründete Thatsache, dass es wirklich Eulen nach Athen tragen hiesse, wollte man nach dieser Richtung noch neue Beweise beibringen. Doch nicht darum handelt es sich für uns; unsere Aufgabe ist vielmehr, den Modus festzustellen, wie diese Abscesse im Gefolge der Embolie, zu Stande kommen. Vornehmlich dürfte unser Interesse in Anspruch genommen werden durch die Frage, welche ich bereits im Eingang dieser Arbeit aufgeworfen habe, ob und in welcher Weise die specifischen Wirkungen der Embolie durch ihre mechanischen modificirt werden. Denn auf der einen Seite hat von Anfang an Niemandem die unverkennbare Verwandtschaft entgehen können, welche zwischen den embolischen Abscessen und typisch entzündlichen Vorgängen herrscht (der Art, dass ja auch die für jene gewählte Bezeichnung darauf hinweisen sollte), und andererseits haben ja die ausführlichen Auseinandersetzungen der vorstehenden Blätter die intensiven, bis zur vollständigen Aufhebung vorschreitenden Veränderungen dargelegt, welche die Circulation eines Theils erleidet, dessen zuführende Arterie durch einen Pfropf verschlossen ist. Wenn aber — und das hat ja selbst die eingefleischteste Cellularpathologie nie bestritten — die Entzündung an das Vorhandensein der Circulation in dem betreffenden Theil gebunden ist, nun, so scheint die Frage nahe genug gelegt, wie es möglich ist, dass eine Eiterung, ein Abscess sich an einer Stelle etabliren kann, deren regelmässiger Blutkreislauf aufgehoben oder in's Gegentheil verkehrt ist.

Doch sehen wir uns zunächst etwas genauer nach dem um, was die pathologisch-anatomische Erfahrung in Betreff der embolischen Abscesse lehrt! Hier sind es in Wirklichkeit nur zwei

Organe, in denen unzweifelhaft embolische Abscesse von einiger Grösse, von dem Umfang, den hämorragische Infarcte zu haben pflegen, uns begegnen, nämlich Lunge und Leber. Ueberall sonst, in der Haut und dem Unterhautfett, den Muskeln und dem Knochenmark, den Hoden, dem Darm und der Pia mater, dem Herzmuskel, der Milz und den Nieren, überall finden wir lediglich ganz kleine, kaum über hirsekorngrosse Abscesse, die selbstverständlich auch in der Lunge und Leber nicht fehlen: Abscesse, die man aus diesem Grunde auch immer auf Capillarembolien zurückgeführt hat. Wohl verstanden spreche ich nur von Abscessen, über deren embolischen Ursprung ein Zweifel nicht herrscht. Denn, wie ich wohl nicht erst hervorzuheben brauche, es ist mir sehr wohl bekannt, dass im Laufe sogenannter pyämischer Erkrankungen die Milz und die Nieren und das Gehirn u. a. O. allerdings der Sitz recht grosser Abscesse werden können: doch wird ebensowenig Jemand gewillt sein, diese als metastatische in dem Sinne aufzufassen, dass er sie als Effecte von Venenpfröpfen ansähe, die an der resp. Wundstelle inficirt und dann in den Kreislauf gelangt seien, als etwa die eitrigen Gelenkentzündungen oder die Phlegmonen, die so oft das Krankheitsbild jener Fälle compliciren. Dass aber nur in in der Lunge und Leber embolische Abscesse von einigem Umfang, aller Orten sonst nur sogenannte miliare Heerde getroffen werden, dafür ist die Erklärung, wie mir scheint, nicht weit zu suchen. Sie liegt in der Natur der Processe, in deren Gefolge die specifisch wirkenden Pfröpfe entstehen und auftreten. Es sind dies bekanntlich für die Lunge die in puriformer Erweichung übergegangenen „inficirten" Venenthromben aus dem gesammten grossen Kreislauf, für die Leber eben solche Thromben aus dem Wurzelgebiet der Pfortader, wie man sieht Pfröpfe, die, je nach dem Kaliber des Gefässes, aus dem sie stammen, selbst von sehr verschiedenem Volumen sein können. Sieht man aber von den doch sehr vereinzelten Fällen ab, wo inficirte Thromben aus dem Gebiet der Lungenvenen losgelöst und in das Körperarteriensystem verschleppt werden, so kommen für dieses doch eigentlich nur die Fälle von maligner Endocarditis sinistra, aortica, mitralis oder parietalis in Betracht, welche die Veranlassung zur Bildung perniciöser, specifisch wirkender Emboli

7*

werden. Wie bekannt, liegt es aber gerade in dem Character dieser so merkwürdigen Affectionen, dass sehr rasch unter ihrem Einfluss die Substanz der Klappen ihre Consistens einbüsst, weich und bröcklich wird, so dass die Gewalt des Blutstroms sie zertrümmert und so zu sagen, in feine Partikelchen zerreibt, nur eben gross genug, um noch Arterien kleinsten Kalibers oder vielleicht selbst erst Capillaren zu verstopfen.

Jedenfalls aber ergiebt sich aus diesem Verhalten, dass die fragliche Coincidenz der mechanischen und specifischen Wirkung der Emboli in Wirklichkeit keineswegs so häufig sich entfalten kann, als man a priori annehmen möchte. In den beiden Organen, in denen vermöge der Einrichtung ihres Gefässverlaufs, der Verschluss einer Arterie mit unfehlbarer Sicherheit Nekrose oder Infarcirung nach sich zieht, in der Niere und Milz, kommen Abscesse von einem Umfange, dass man für sie auf Embolie eines grösseren arteriellen Astes recurriren müsste, gar nicht vor; in der Retina ist meines Wissens eine Vereiterung auf embolischer Basis überhaupt noch nicht gesehen worden, und auch in der Pia mater und dem Gehirn sind die embolischen Abscesse, die zur Beobachtung gelangen, immer so klein, dass sie lediglich von Pfröpfen des allerkleinsten Kalibers erzeugt sein können. Auf der anderen Seite aber haben wir gerade von der Leber früher den Nachweis geführt, wie sowohl ihre Gefässeinrichtung, mehr aber noch der Mangel einfacher Thrombosen im Wurzelgebiet der Pfortader der Entstehung nekrotischer oder infarcirter Heerde geradezu hinderlich ist; hier giebt es eben nur Abscesse, und niemals einen andern Effect der Embolie. Sonach bleiben lediglich die Lungen, in denen aber freilich sowohl die Infarcte, als auch die Abscesse gerade in den typischesten Formen auftreten, die es ganz unmöglich machen, der uns beschäftigenden Frage auszuweichen.

Aber wie von vornherein zu erwarten, so führt eine genauere Erwägung gerade der in der Lunge vorliegenden Verhältnisse zu einer, wie ich meine, befriedigenden Lösung des Räthsels. Vergleicht man nämlich Infarct und Abscess der Lunge in Bezug auf ihre räumlichen Verhältnisse, so springt sofort eine doppelte Differenz in die Augen. Die Infarcte sitzen immer peripherisch, und ihre Gestalt ist constant eine annähernd kegelförmige, der Art, dass die Basis des Infarcts an der Peripherie der Lunge, d. i. Pleura, sich befindet, und die Spitze gegen den Hilus gerichtet ist: Beides ja die nothwendige Folge der statthabenden mechanischen Vorgänge, die wir oben des Näheren besprochen haben. Die Abscesse dagegen sind in ihrem Sitze keineswegs an die Peripherie gebunden, sie kommen vielmehr überall in der Lunge vor, selbst ganz in der Nähe des Hilus und sehr häufig an Stellen der Lungenlappen, die ein, zwei Centimeter von der Pleura entfernt sind: ferner ist ihre Configuration immer eine annähernd kugelförmige, so dass auch diejenigen, welche bis an die Peripherie heranreichen, hier nicht ihren grössten Durchmesser haben, sondern immer nur mit einem relativ kleinen Abschnitt ihrer Kugeloberfläche die Pleura berühren. Dass dem wirklich so ist, davon habe ich bei dem sehr umfangreichen einschlägigen Material, welches das Leichenhaus der berliner Barackenlazarethe während des letzten Krieges mir dargeboten, nur zu oft mich überzeugen können, und ich unterlasse es auch, aus den mir vorliegenden Sectionsprotokollen detaillirte Beweise dafür beizubringen, weil ich nicht zweifle, dass jede Autopsie derartiger Fälle ohne Weiteres die Richtigkeit der obigen Aussagen erhärten wird. Darin liegt aber auch sogleich der Schlüssel zu der uns beschäftigenden Frage. **Der Infarct ist die Folge der Verstopfung einer Endarterie, der Abscess entsteht, wenn ein Gefäss, das nicht Endarterie ist, von einem (specifisch wirkenden) Pfropf verlegt wird.** Und gerade weil die Gefässeinrichtung der Lunge, wie oben dargethan, der Art ist, dass ebenso leicht Endarterien von den in die Pulmonalis gefahrenen Pfröpfen erreicht werden, als solche mit jenseitigen Anastomosen, darum ist eben dies Organ ganz besonders geeignet, beiderlei Effecte zur typischen Ausbildung gelangen zu lassen.

Hiernach kommt die gefürchtete und voraussichtlich so schwer zu erklärende Coincidenz der mechanischen und specifischen Wirkung gewisser Pfröpfe in Wirklichkeit gar nicht zur Beobachtung. Die embolischen Abscesse sind, wie soeben nachgewiesen, entweder bedingt durch Verstopfung von Capillaren oder höchstens „capillaren Arterien", oder aber, in der Lunge und Leber, durch Pfröpfe in Arterien, die hinter diesen noch mit reichlichen Anastomosen ausgestattet sind: beides mithin Fälle, in denen eine eigentliche Störung oder Veränderung der Circulationsverhältnisse so gut wie garnicht eintritt, und die, wäre eben der Pfropf selber ein unschuldiger, reizloser, selber zu der unschuldigen und bedeutungslosen Kategorie gehören würden. Damit vereinfacht sich unsere Aufgabe ganz erheblich, und ohne jeden Nebengedanken können wir jetzt den Process in's Auge fassen, der im Gefolge eines specifisch wirkenden Embolus sich entwickelt. Dass dies aber nichts Anderes ist. als eine Entzündung, eine echte umschriebene Entzündung. das hat sich, wie schon oben betont, von Anfang an den Beobachtern aufdrängen müssen. Das Product dieser Processe ist eben Eiter, jeder embolische Abscess, gleichgiltig von welcher Grösse. besteht der Hauptmasse nach aus legitimem Eiter. gerade wie ihn schliesslich jeder traumatische Eingriff erzeugt, und nimmt man Partikel oder Tröpfchen aus einem embolischen Leberabscess, einem Heerd der Niere oder der weichen Hirnhaut. so würde, ohne Berücksichtigung der allgemeinen und localen Verhältnisse, an dem Object selbst es schlechterdings unmöglich sein, ein unterscheidendes Kriterium gegenüber jeder andern Form eitriger Entzündung in diesen Organen zu entdecken. Ganz dasselbe gilt von den Lungenabscessen auf embolischer Basis. In der grossen Reihe von pyämisch zu Grunde gegangenen Verwundeten, die ich im letzten Winter habe untersuchen können, bin ich oft auf Fälle gestossen, wo in den Lungen die verschiedenen Stadien der embolischen Heerdbildung unmittelbar nebeneinander sich präsentirten. In einer und derselben Lunge begegnete ich Abscessen. die bereits vollkommen eitrig geschmolzen waren, neben anderen, die im Uebergang von gelber Hepatisation zur Schmelzung sich befanden. und noch andere, deren Schnittfläche zwar gelb, aber doch von ziemlich derber Consistenz war. Aber mehr noch. auch graugelbe und selbst graurothe Lobulärpneumonie habe ich wiederholt mitten zwischen den gelben und eitrigen Heerden gesehen. Pneumonien. die schon ihrer ganzen, in keiner Weise mit dem Verlauf der Bronchien korrespondirenden Configuration nach als unzweifelhaft embolischer Natur sich kundgaben. selbst wenn es nicht bei etlichen darunter gelungen wäre, mitten im Hepatisationsheerde die Arterie mit ihrem gelben, weichen Pfropf nachzuweisen. Der ganze Verlauf dieser metastatischen Processe ist eben vollkommen identisch mit dem eines genuinen, entzündlichen Lungenabscesses: zuerst die rothe, resp. graurothe Hepatisation, die durch Grau und Gelb endlich zur eitrigen Schmelzung führt, oft gleichmässig in der ganzen Ausdehnung des pneumonischen Heerdes, in vielen Fällen aber auch ungleichmässig, so dass das Centrum des Heerdes bereits geschmolzen, abscedirt sein kann, während ringsum noch eine Zone grauer oder selbst rother körniger Hepatisation sich erhalten hat.

Doch ist es mir, wie begreiflich, in hohem Grade wünschenswerth erschienen. dieser Frage auch experimentell näher zu treten, schon weil sich hier hoffen liess, dass es möglich sein würde, den Gang eines entzündlichen Processes zu verfolgen, der nicht in der gewöhnlichen Weise durch ein Trauma hervorgerufen war. Doch haben sich leider meine Erwartungen nicht in ihrem ganzen Umfange erfüllt, in erster Linie, weil es mir nicht geglückt ist, in der Zunge oder sonst wo beim Frosche einen Abscess auf embolischem Wege zu erzeugen. Ich habe eine Menge Substanzen in die Zungenarterien eingebracht, von denen ich hoffte, dass sie als specifische Entzündungserreger wirken würden, so z. B. feine Quecksilberkügelchen, pulverisirte Kantharinen, selbst stark gefaulte Fleischpartikelchen und zwar sowohl von Säugethier, als auch von Froschfleisch — Alles ohne Erfolg. Nie ist die Wirkung eine andere gewesen, als die einfacher Wachskügelchen von entsprechender Grösse, d. h. entweder keine, oder eine Anschoppung und Infarcirung, und ich habe z. B. einen Frosch fünf Wochen am Leben gehabt, bei dem mitten im Verlauf der A. lingualis sin. ein Stückchen gefaultes Fleisch anhaltend fest und unverrückt sass, ohne dass die Zunge jemals auch nur die geringste Veränderung dargeboten hätte; die vordere Anastomose vermittelte vollständig die Circulation in dem Gefässgebiet der linken Zungenhälfte jenseits des Fleischpfropfes.

Besseren Erfolg hatten allerdings die analogen Versuche bei Säugethieren. Hier habe auch ich zunächst das oft gemachte Experiment wiederholt, in die V. jugularis eines Kaninchens einen entzündungserregenden Pfropf. z. B. ein gefaultes Fleischstück, ein mit Krotonöl getränktes Schwammpartikel einzuführen: die Folge war, wie nach den Erfahrungen früherer Experimentatoren nicht anders zu erwarten, dass um den reizenden Pfropf in der betreffenden Lunge sich nach 6—8 Tagen eine gelbweisse Hepatisation von ziemlich derber Consistenz gebildet hatte, von geringerem oder grösserem Umfang je nach der Grösse des Pfropfes, und somit des Gefässes, in dem derselbe stecken geblieben; mehrere Male habe ich einen ganzen Lungenlappen hepatisirt gesehen, dabei denn auch selbstverständlich eine pleuritische Pseudomembran über ihm, die in anderen Fällen, wenn die Entzündung nicht bis zur Lungenoberfläche vorgeschritten war, fehlte. Doch vertauschte ich bald, bei der Unmöglichkeit, in der Lunge selbst die Geschichte und den Verlauf des Processes direct beobachten und verfolgen zu können, dies Versuchsobject mit einem anderen, nämlich dem Kaninchenohr. Wenn man zu diesem Behufe nur darauf Acht hat, Thiere mit grossen Ohren oder wenigstens mit Ohren, deren Mittelarterie weit ist, auszuwählen, so gelingt die Einbringung irgend eines Fremdkörpers in die Mediana dicht über der Ohrwurzel natürlich ohne alle Schwierigkeit; man kann jenen dann mittelst einer feinen Sonde, oder besser noch durch einen Wasserstrahl, den man aus einer kleinen Spritze unter energischem Druck hinter den Fremdkörper in die Arterie treibt, bis zu einer beliebigen Stelle innerhalb des Ohres hinaufführen. Ist der so eingebrachte Pfropf blander, unschuldiger Natur, z. B. ein grösseres Wachskügelchen, ein reines Schwammstückchen, ein Papier- oder Charpiebausch, auch ein Hollundermarkpartikel, nun, so ist das Ganze, wie bereits oben angedeutet, ein total bedeutungsloser Eingriff. Die Circulation in der Arterie auf einer kurzen Strecke zu beiden Seiten des Fremdkörpers, zwischen dem nächst oberen und nächst unteren Seitenast, hört auf, das ganze Ohr aber verhält sich durchaus wie zuvor, und das Einzige, was noch in etlichen Fällen sich ganz allmählich, im Laufe von Wochen ausbildet, ist eine ganz umschriebene kleine röthliche Anschwellung um den eingebrachten Pfropf: auch diese schwindet entweder, nachdem unter ihr der Fremdkörper sich regelrecht eingekapselt hat, oder aber in anderen Fällen tritt allmählich in dieser Anschwellung Fluctuation ein, und sticht man dann die Stelle an, so entleert sich in einem Tröpfchen weissen dicken Eiters zugleich der eingebrachte Pfropf: so hatte sich also die Arterie allmählich auf beiden Seiten gegen den Fremdkörper abgeschlossen, der schliesslich auf dem Wege langsamer Eiterung eliminirt wurde, genau wie ein beliebiger Splitter, der irgendwo in's Gewebe des Ohres sich eingenistet. Durchaus abweichend aber ist der Verlauf der Erscheinungen, wenn der in die Arterie eingebrachte Fremdkörper zugleich entzündungserregend, reizend wirkt. Ich benutzte zu dem Ende theils kleine Schwammstückchen, die ich mit Krotonöl getränkt hatte, theils und mit besonders sicherem Erfolge gefaulte Fleischpartikel, die ich in der erforderlichen Grösse mir dadurch verschaffte, dass ich irgend einen beliebigen, zuvor getrockneten Muskel auf einer gewöhnlichen Küchenreibe verrieb und die dabei erzielten Abfallsspäne in Wasser faulen liess. Sofern ich dann nur die Vorsicht beobachtete, die aus der Flüssigkeit herausgenommenen Fleischpartikel vor der Einführung in die Arterie in Fliesspapier abzutupfen, so dass keine überschüssige Jauche mit in's Gefässrohr eingebracht wurde, so resultirte eine Einwirkung auf das Allgemeinbefinden der Thiere von dem Versuche nicht. Wie aber das Ohr selbst sich verhielt, das mag mir gestattet sein, zunächst durch das folgende Versuchsprotokoll zu belegen.

Am 6. VII., Vorm 10 Uhr wird einem grossen gelben Kaninchenbock in die A. mediana des rechten Ohres ein gefaultes Fleischstückchen eingebracht und durch nachfolgende Wasserinjection hoch hinaufgetrieben, bis 2 Ctm. unterhalb der Theilungsstelle der Mediana in die beiden Bögen. Sehr bald nachher überall in den Gefässen rothes Blut, auch an das Fleischstückchen grenzt oben und unten eine rothe Blutsäule. Die rhythmische Erweiterung geht im ganzen Ohr rasch und energisch vor sich.

Um 5 Uhr Nachm. genau dasselbe Verhalten, der Arteriencontour an der Fleischstelle haarscharf.

7. VII. Vorm. 9 Uhr. Die Fleischstelle ganz scharf und rein contourirt, ihre nächste Umgebung blass. Die A. mediana erscheint von dem Pfropf ab nach oben und unten zunächst als ein ganz feiner rother Faden, nach unten beinahe bis zur Operationsstelle, nach oben 1 Ctm. weit, wo sie dann mit plötzlicher Erweiterung breit wird Auch die sehr evidente rhythmische Pulsation setzt sich in den engen Abschnitt nicht fort. An den Venen des Ohres nirgend etwas Auffälliges.

Nachm. 5 Uhr lässt sich zuerst eine ganz umschriebene, c. 3 Mm. im Durchmesser haltende Trübung und Röthung, zugleich mit geringfügiger Schwellung um die Fleischstelle nachweisen, die dadurch undeutlich gemacht wird.

8. VII. Die Röthung, Trübung und Schwellung hat ganz wenig zugenommen,

sowohl in der Breite, als auch besonders entlang dem Verlauf der Arterie, in der Richtung gegen die Ohrwurzel.

9. VII. Die Zunahme gegen gestern in demselben Sinne unverkennbar. Das übrige Ohr ganz unverändert, mit vortrefflicher rhythmischer Pulsation.

10. VII. Es erstreckt sich jetzt ein trüber, geröteter, dicker Saum von 1 Ctm, Breite von dem Fleischpfropf bis zur Operationsstelle entlang der Arterie, die dadurch ganz verdeckt wird. Oberhalb dieses nach oben scharf begrenzten Wulstes wird die A. med. von einer breiten, rothen scharfcontourirten Blutsäule erfüllt, die an der allgemeinen rhythmischen Erweiterung der Ohrgefässe Theil nimmt.

11. VII. Derselbe Zustand.

12. VII. Die Röthung und Schwellung hat sich nach allen Richtungen beträchtlich ausgedehnt, so dass nur ein 1—2 Ctm. breiter Randsaum des Ohres noch normale Dicke und Durchsichtigkeit bewahrt hat; die rhythmische Pulsation in diesem noch immer sehr markirt.

13. VII. Das ganze Ohr ist gleichmässig geschwollen, intensiv geröthet, heiss, nirgend deutliche Gefässcontouren erkennbar. Mitten darin, genau entsprechend dem Sitz des Fleischpfropfes, befindet sich eine längsovale, 2 Ctm. in der Länge und 1½ Ctm. in der Breite messende Stelle von gelbgrünlicher Färbung, über der die sie bedeckende äussere Haut in nekrotische Fetzen verwandelt ist. Nach Entfernung derselben stösst man auf einen Heerd zähen, weissgelben Eiters, der zwischen dem Ohrknorpel und der Haut sich angesammelt hat.

15. VII. Die letzterwähnte Stelle mumificirt (wie dies am Kaninchen überall da geschieht, wo durch einen Eingriff die schützende Haut entfernt worden); ringsum ist noch das ganze Ohr geschwollen, heiss, geröthet.

16. VII. Um die mumificirte Stelle etablirt sich eine besondere demarkirende Eiterung, die in den nächsten Tagen so weit vorschreitet, dass am

19. VII. das ganze betreffende Stück ohne alle Mühe entfernt werden kann. Jetzt beginnt das Ohr, das also mitten in seiner Substanz ein grosses längsovales Loch — auch die entsprechende Stelle des Ohrknorpels ist ausgestossen worden — hat, ringsum abzuschwellen, und am

21. VII. hat dasselbe wieder ganz seine normale Dicke wiedergewonnen, die Gefässe sind von regelrechter Weite, die rhythmische Pulsation deutlich; auch die Operationstelle an der Ohrwurzel ist ganz vernarbt.

In analoger, vielfach bis in's Detail übereinstimmender Weise sind nun alle meine Versuche der Art verlaufen, und die Differenzen, die sich etwa darboten, sind lediglich extensiver Natur gewesen. So habe ich mehrere Male gesehen, dass die Mumification und Nekrotisirung viel weiter um sich griff, so dass ein ganz grosser Theil des Ohres abgestossen wurde, und andererseits wieder sind mir einzelne Fälle vorgekommen, wo zwar auch eine Eiterung, ein Abscess um den Pfropf sich etablirte, wo aber so wenig von der Substanz des Ohrs dabei verloren ging, dass der ganze Process mit Bildung einer mässigen Narbe heilen und abschliessen konnte. Die wesentlichen Züge aber wiederholten sich immer in ganz typischer Weise, und ich möchte deshalb wenigstens auf zwei Punkte noch die Aufmerksamkeit des Lesers lenken. Für einmal die Constanz, mit der die Entzündung sich zunächst in der Richtung des Arterienverlaufs gegen die Operationsstelle hin fortpflanzte. Es ist dies, nachdem die Mediana an der Ohrwurzel unterbunden, auch die Richtung des Blutstroms selber, der jetzt von den Bögen her in das Mittelgefäss eindringt, und wenn ich auch nicht leugnen kann, dass auch der Modus des Versuchs, der Einbringung des Pfropfes selber Einiges dazu beitragen mag, dass gerade diese Strecke am frühesten der Sitz der Entzündung wird, so scheint mir doch jenes Moment aller Beachtung werth zu sein. Viel bemerkenswerther aber dünkt mir das Ergebniss jener Versuche in Bezug auf den zeitlichen Ablauf der Erscheinungsreihe. Denn ich zweifle nicht, dass Mancher von den Lesern gleich mir wird erstaunt sein über die Langsamkeit, mit der die Wirkungen des Embolus sich entfalteten. In dem ausführlich mitgetheilten Falle ist eine Zeit von 30 Stunden vergangen, ehe die geringste Spur einer Reaction um den Pfropf sich geltend machte, und ich habe andere Male selbst diesen Termin noch überschreiten gesehen. Bevor aber ein wirklicher Abscess mit notorischem Eiter sich ausgebildet hatte, hat es eine volle Woche gewährt, und auch das kann ich nach meinen anderweiten Erfahrungen nicht als besonders langsam bezeichnen. Nun weiss ich sehr wohl, dass die Kaninchen überhaupt Thiere von träger Reaction sind, bei denen alle pathologischen Processe langsamer und weniger energisch verlaufen, als z. B. beim Hunde, und es kommt mir nicht in den Sinn, vom Kaninchen aus unmittelbar maassgebende Schlüsse in dieser Beziehung auf die anderen Säugethiere oder gar den Menschen ziehen zu wollen. Aber selbst wenn wir lediglich auf das Kaninchen unsere Erwägungen einschränken, so erscheint es mir doch eine Thatsache von nicht geringem Interesse, dass zwischen der Application eines, und zwar, wie ja der weitere Verlauf herausstellt, sehr intensiven Reizes und der Entwicklung der ersten Entzündungserscheinungen ein so bedentender Zeitraum dazwischen liegt. Denn es dürfte darin ein sehr bestimmter und unverkennbarer Fingerzeig gegeben sein, dass bei dem Zustandekommen eines typisch entzündlichen Processes irgend welche reflectorischen Vorgänge Seitens nervöser Apparate. die doch beim Kaninchen gerade so prompt verlaufen. als bei anderen Thieren. keine erhebliche Rolle spielen können. Doch möge der Leser mir verzeihen, wenn ich an dieser Stelle einer Frage von solcher Tragweite, die doch unmöglich so beiläufig erledigt werden kann, nicht weiter nachgehe, und mich darauf beschränke, die Bahn der gegenwärtig uns beschäftigenden Untersuchung weiter zu verfolgen.

Wenn es mir nämlich auch nicht geglückt ist. mikroskopisch die Details der Entwicklung der embolischen Abscessheerde zu eruiren. so wird doch nach allem, auf den letzten Seiten Vorgebrachten ganz gewiss Niemand mehr Anstand nehmen, jene Heerde als Ausgänge und Producte einer legitimen, umschriebenen. durch den Embolus erzeugten Entzündung anzusehen: wobei ich allerdings es einem Jeden überlassen muss, ob er, je nach seinen anderweit gewonnenen Anschauungen, die Eiterkörper des Abscesses von den Gefässen oder anderswoher ableiten will.*) Durch diese Auffassung der embolischen Abscesse als

---

*) Doch will ich, schon um verschiedenen, an mich gerichteten persönlichen Anfragen gerecht zu werden. diese Gelegenheit nicht vorübergehen lassen, ohne nachdrücklich hervorzuheben, dass ich, gegenüber den abweichenden Darstellungen Stricker's und seiner Schüler, an den von mir in meinen früheren Aufsätzen gegebenen Schilderungen fast bis in alle Details festhalten muss. Ich habe eine Widerlegung der gegen meine Lehre von dieser Seite erhobenen Angriffe bisher unterlassen, weil ich einestheils mich nicht geneigt fühlte, den Gaumen des grossen ärztlichen Publikums zu kitzeln — was ja schliesslich der Haupteffect jeder etwas energisch geführten Polemik ist —. und ich anderntheils durch jeden neuen Wiener Aufsatz immer mehr in meiner Ueberzeugung befestigt worden bin, dass in den Augen der selbst arbeitenden, selbst urtheilenden Fachgenossen alle diese sogenannten Arbeiten sich sehr bald selbst richten würden. Und kann man wirklich im Ernste einem redlichen deutschen Forscher zumuthen, sich gegen Autoren von dem Schlage eines Tschainski zu vertheidigen, der. wie auf pag. 87 der Stricker'schen Studien aus dem Jahre 1869 zu lesen ist, „seine Arbeiten fast schneller erledigt, als erdenkt!" oder eines Hutob, der mit einer, man möchte sagen, rührenden Naivität jeden anatomischen Befund bei einem Versuchsthiere, selbst wenn er ihn unter 35 (!) gleichartigen Versuchen nur einmal angetroffen, doch für den Effect seines Eingriffes hält? (vgl. Wiener medic. Jahrbücher 1871; Hutob, Knorpelentzündung. pg. 5). Aber auch gegen den Meister selbst konnte eine Polemik nur wenig des Lockenden haben, so lange er einerseits ganz unbedenklich seinem Gegner Dinge unterschiebt, welche dieser niemals behauptet hat (vgl. Studien pg. 14, Abs. 3), andererseits die weitgehendsten Schlüsse auf Thatsachen stützt, die ausserhalb Wiens von Niemandem beobachtet worden sind, wie z. B. das Auftreten von Zinnoberkörnchen in Knorpelzellen nach Einführung

umschriebene Entzündungen reihen sich aber dieselben ohne Weiteres in die grosse Gruppe der alltäglichsten Processe ein; der specifische Embolus wirkt eben nur als ein schädlicher Fremdkörper, ohne dass es dabei sich irgend wie geltend machte, dass derselbe im Innern eines Blutgefässes und nicht, wie die Fremdkörper sonst, unmittelbar in dem Gewebe des betreffenden Organs sitzt. Hiernach ist es lediglich von der Grösse des Pfropfes, sowie von dem Grade seiner Verderblichkeit, sowie endlich von der Reactionsfähigkeit, resp. Verletzlichkeit des betroffenen Organs abhängig, ob der Abscess gross oder klein ist, und ob er sehr rasch in das eitrige Stadium übergeht. Die capillären Embolien der Haut und der Muskeln und aller Orten sonst werden auch nur miliare Eiterheerde hervorrufen, und zwar in den Nieren und im Darm vermuthlich rascher, als im Hoden oder der Lunge, und in dieser wieder rascher als in der Haut. Die grösseren perniciösen Pfröpfe dagegen, welche in die Aeste der Lungenarterie oder der Pfortader gerathen und daselbst sich festkeilen, sie werden die Ursache auch voluminöserer Abscesse werden. Unter besonders begünstigenden Umständen

---

derselben in den Kreislauf. Doch wolle der Leser mir dieses mein Verhalten nicht als Hochmuth auslegen! Ich habe vielmehr, sobald vor nun zwei Jahren die Stricker'schen Studien erschienen waren, mit eingehendster Sorgfalt und unter Berücksichtigung aller Cautelen — neue Methoden sind ja im Wiener Institut nicht angewandt worden — meine früheren Entzündungsversuche an der Hornhaut, der Froschzunge, dem Mesenterium, dem Knorpel etc. wiederholt, ohne dass an irgend einer Stelle sich mir die Nothwendigkeit aufgedrängt hätte, eine meiner früheren Augaben zu corrigiren. Von meinen Erklärungen und Deutungen der beobachteten und beschriebenen Vorgänge mag Vieles sich als lückenhaft, Manches selbst als unrichtig herausgestellt haben: ich lege in Wirklichkeit wenig Werth darauf und opfere sie gern gegen bessere; was ich aber an Thatsächlichem beigebracht habe, das halte ich noch heutigen Tages für richtig, und ich versichere den Leser ausdrücklich, dass, hätte ich die Ueberzeugung erlangt, dass durch meine frühere Darstellung thatsächliche Irrthümer in irgend einer Beziehung unter dem ärztlichen Publikum verbreitet worden seien, ich der Erste gewesen wäre, dieselben anzuerkennen und zu widerrufen. Inzwischen haben übrigens die Arbeiten von Schweigger-Seidel über die Hornhaut, von Ranvier und seinen Nachfolgern und zuletzt von Boll die Lehre vom Bindegewebe und seinen Körperchen in eine ganz neue und unerwartete Bahn gelenkt, der Art, dass eigentlich alle, mit den älteren Methoden auf diesem Gebiete gewonnenen Resultate, und somit auch die des Wiener Instituts für experimentelle Pathologie, schon gegenwärtig als antiquirt angesehen werden, und von ihrer eingehenden Prüfung, resp. Widerlegung, wie mir scheint, ohne Bedenken Abstand genommen werden darf.

aber können hiernach auch capillare Pfröpfe ausgedehntere Entzündungen nach sich ziehen, und so kann es nicht Wunder nehmen, wenn wir bisweilen nach specifischer Embolie einer feinsten Aderhautarterie oder selbst Capillare den ganzen Bulbus vereitern sehen. Und andererseits erhellt nun auch ohne Weiteres, dass, wenn doch zufällig einmal ein grösseres Fragment einer in maligner Weise veränderten Herzklappe oder irgend ein anderer, deletärer Pfropf in grössere Aeste des Aortensystems verschleppt werden sollte, auch anderswo, als in Lunge und Leber. eine Entzündung von einigem Umfang die Folge sein wird. Ich denke dabei an die vereinzelten, in der Literatur vorliegenden Fälle von Hirnabscess in Folge specifischer aus den Lungenvenen abgelöster Thromben. und mehr noch an die Fälle von umschriebener Peritonitis nach Verstopfung eines einzelnen Astes der A. mesaraica; je geringer eben bei der vortrefflichen Collateraleinrichtung des letztgenannten arteriellen Gefässgebietes die Bedeutung ist. welche ein einzelner gemeiner, blander Pfropf daselbst hat, um so sicherer wird ein deletärer eine acute Entzündung hervorrufen. und nach dem, was wir über den Verlauf derselben am Kaninchen erfahren haben, erscheint es jetzt nur natürlich, dass die Entzündung mit besonderer Lebhaftigkeit sich entlang der Arterienausbreitung, in der Richtung zum Darm, fortpflanzt.*)

So wenig aber meines Erachtens gegen dies Alles einzuwenden sein dürfte, so bleibt doch in der ganzen Beweisführung, wie mir scheint, eine unverkennbare Lücke. Denn wenn ich auch oben den Nachweis glaube geführt zu haben, dass in Wirklichkeit die embolischen Abscesse immer von solchen Pfröpfen erzeugt werden, welche nicht in Endarterien sitzen und mithin keine nennenswerthe Störung der Circulation nach sich ziehen, so ist doch von vornherein die Möglichkeit keinesweges ausgeschlossen, dass auch einmal eine Endarterie von einem deletären Pfropf obturirt wird. Wenn wir nun freilich der so auffälligen Langsamkeit uns erinnern, mit der nach der Einbringung des perniciösen Embolus die Entzündung in Scene tritt, und dem gegenüber erwägen, dass die Störung, resp. Aufhebung der Cir-

---

*) Vgl. Virchow, Gesammelte Abhandlungen p. 450 ff.

culation nach Verschliessung einer Endarterie das Werk eines
Augenblickes. höchstens weniger Minuten ist, so werden wegen
der etwaigen Coincidenz beider doch lebhafte Bedenken sich
aufdrängen. Doch besser als durch Speculation wird mittelst
des Experimentes die Frage sich entscheiden lassen. Am Kaninchenohr kann, wie wir oben gesehen haben. die Wirkung des
Verschlusses einer Endarterie dadurch erzielt werden. dass man
gleichzeitig die gesammten zuführenden Arterien verstopft. und
die uns beschäftigende Frage wird sonach ohne Weiteres beantwortet werden. wenn wir zur Embolisirung der Ohrarterien
specifische. entzündungserregende Substanzen verwenden, oder
nur diese dem unschuldigen Material beimischen. Ich habe desshalb in die Emulsion der Wachskügelchen eine Anzahl gefaulter
Fleischstückchen gemengt. und diese Aufschwemmung in die
mediane Ohrarterie gespritzt, bis alle grösseren Arterien verstopft waren. Die Folge war, wie wohl vorauszusehen. dass das
Ohr genau so nekrotisirte und abstarb. als wären es lediglich
einfache, unschuldige Emboli gewesen, welche die Arterien ver-
sperrten. Indess mit einer. wenigstens öfters beobachteten Modification. Früher schon wurde der demarkirenden Eiterung gedacht, durch welche der nekrotisirte Abschnitt des Ohres abgelöst wird; nun, während in den Fällen einfacher Wachsembolie
diese Demarkationseiterung einen ganz schmalen Saum bildet,
habe ich bei den letztbeschriebenen Versuchen mehrere Male
eine äusserst heftige Entzündung mit consecutiver Abscessbil-
dung über grosse Strecken des nicht mumificirten Ohres sich
entwickeln sehen. Die Erklärung dieses abweichenden Verhaltens dürfte nicht schwer sein. Es ist dasselbe sicherlich der
Effect einiger Fleischstückchen. die noch diesseits des Gebietes
der aufgehobenen Circulation sitzen geblieben sind und also die
Wirkungen erzeugen konnten. für deren Entfaltung der Blutkreislauf unerlässlich ist. Dass aber eine derartige Combination
nicht blos theoretisch construirt oder unter besonderen experimentellen Bedingungen hergestellt ist. sondern auch für die
menschliche Pathologie zur Geltung kommt. darauf mag es zum
Schluss mir noch gestattet sein hinzuweisen. Denn jedem Pathologen, der über eine reichere Erfahrung gebietet. werden
gewiss die Fälle gegenwärtig sein. wo ausser typischen Ab-

scessen und Infarcten eigenthümliche Mischformen beider in den Lungen sich fanden, an der Peripherie gelegene Heerde, von denen der äusserste Abschnitt ganz dem Bilde des charakterisirten Infarcts entsprach, während unmittelbar daran ein Eiterheerd von nicht weniger ausgesprochenem Habitus angrenzte.

Druckfehler-Verzeichniss.

Seite 10, Zeile 3 von unten lies: sie steckt, statt: steckt, sie.
- 36, - 5 - oben lies: Balogh statt: Bologh.
- 39, - 1 - - lies: oben statt: eben.
- 60, - 18 - - lies: einen statt: einem.
- 70, - 19 - - lies: kennen statt: nennen.
- 72, - 5 - - lies: bleibender statt: bleibenden.
- 72, - 6 - - lies: anatomischer statt: anatomischen.
- 72, - 20 - - lies: welchen Gefässgebieten statt: welchem Gefässgebiete.
- 72, - 12 - unten lies: renalis statt: lienalis.
- 76, - 18 - oben lies: Hauptstammes statt: Hauptstromes.
- 79, - 2 - - lies: kleinen umschriebenen einfachen statt: kleinen einfach umschriebenen.
- 87, - 16 - unten lies: 76 statt 73.
- 103, - 14 - - lies: Säugethier —, statt: Säugethier,.
- 106, - 22 - - lies: Kaninchenohr statt: Kaninchen.

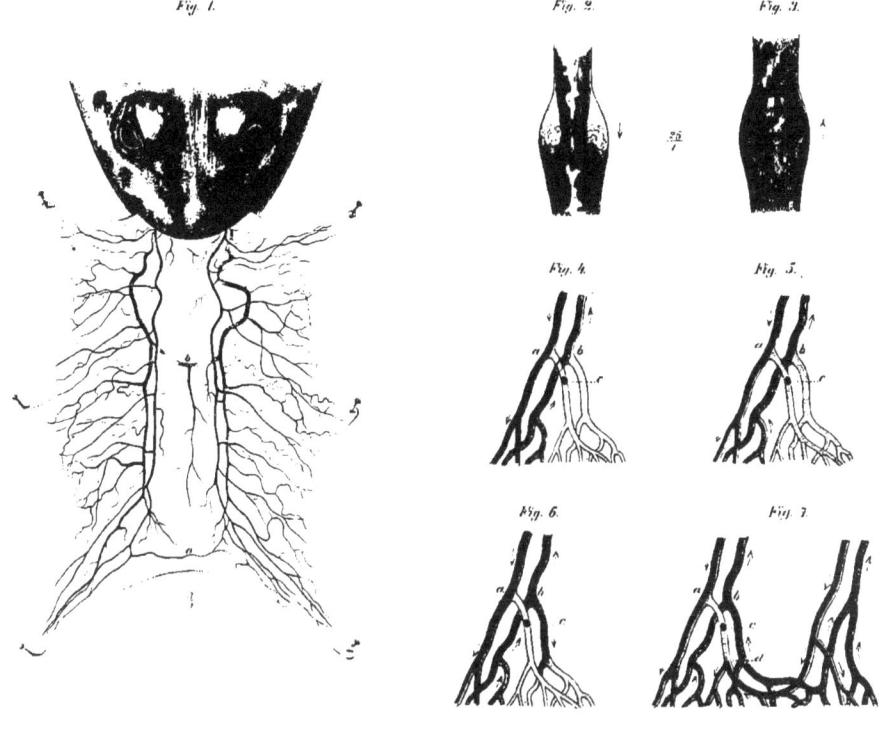